AF164644

**Florian Weber,** geboren 1974 in Schrobenhausen, ist Musiker (u.a. Sportfreunde Stiller, Bolzplatz Heroes, MS Flinte), Künstler und Autor (drei Romane bisher). Er spielte jahrelang aktiv Fußball. Als Jugendlicher hatte er ein Probetraining beim FC Bayern München, war deutscher Vizemeister mit der Hochschulmannschaft München, trifft bei Benefizspielen durchaus mal auf Benny Lauth, Claudio Pizarro oder Lothar Matthäus und schrieb Lieder über König Fußball – nur keins über Maradona.

© Verlag Voland & Quist GmbH
Berlin und Dresden 2024

Reihen-Hrsg. IKONEN:
Frank Willmann

ISBN 978-3-86391-404-2
voland-quist.de

Umschlaggestaltung und Satz:
Guerillagrafik

Druck und Bindung:
BALTO print, Vilnius

FLORIAN WEBER

# MARADONA MÍO
## MEIN LEBEN MIT DEM BESTEN

So war's. Und wenn's nicht so war, dann ist es zumindest das, von dem ich denke: so war's.

Gleich mal eines vorweg. Wer behauptet, ich hätte ihn nie getroffen, lügt.

Noch eins hinterher. Wer meint, es hätte Bessere als ihn gegeben, lügt.

Abschließend: Wer sagt, ich würde nicht an Gott glauben, lügt.

Im herkömmlichen Sinn bin ich Atheist. Ich glaube aber an die Liebe. Ich glaube an das gute Schöpfungspotenzial in der Vereinigung moralisch einwandfrei denkender Menschen. Ich glaube an meine Familie. An die blutsverwandte wie an die hineinverliebte. An unerschütterliche Freundschaften. An die Macht der Musik. An die Energie von Keith Moon. An Copa Mundial, den besten Fußballschuh der letzten 45 Jahre.
Und ich glaube an Nietzsches Satz: Gott ist tot.
Seit dem 25. November 2020.
Gott hieß Diego Armando Maradona. Und an ihn glaubte ich auch.

Man darf glauben, was man will. Außer dass Despoten, Diktatoren, Kriegstreiber, Autokraten und rechtsradikale Arschlöcher ihre Berechtigung haben. Das ist Bullshit.

Man darf aber die unterschiedlichsten Meinung haben, was Kunst betrifft. Musik, Malerei, Cineastik, kreative Darbietungen, ästhetische Zurschaustellungen, wobei Ästhetik im Auge des Betrachters liegt. Nicht aber bei Diego Armando Maradona. Was er „anfußte", wurde zu Gold. Für jederfrau und -mann sichtbar. El Pibe de Oro. Der Goldjunge. Als wir Buben waren, wollten wir alle Goldjungen sein.

„Wie wird man Goldjunge?", fragten wir unsere Eltern. Wir ernteten fragende Blicke, ablehnende Scheibenwischer oder den klischeehaften Seitenhieb: „Durch harte Arbeit, Burli!"

Das musste doch auch anders gehen, oder?

Nein, sagte der Mangold Toni, alteingesessener Trainer und legendärer Schiedsrichter in unserem Fußballverein FC Schrobenhausen. Dabei klapperte sein Gebiss im Mund, manchmal musste er es mit seiner rechten Hand einfangen: „Es gibt schon einen Goldjungen, und den nur einmal. Und zwar in Argentinien. Und zwar seit dem 30. Oktober 1960. Diego Armando Maradona heißt der. Dass ia aich des bloß merkt´s!"
Wussten wir natürlich. Wir alle traurig und fast erbost: „Ja, aber Toni ... was, wenn einer von uns auch mal ..."

„Nix! Und jetz laffts amoi a paar Rundn, ia Mamaladbuam!", um seine Zähne festhaltend hinterherzuschimpfen: „Ja Kruzefix, da haun mia glei die Zähn ab zwengs eich Drialla ...!"

Es ist ganz einfach so. Als junger Mensch, dem vieles zufliegt, was die sportliche Bewegung betrifft, verspürt man Momente, in denen denkt man von sich selbst: Wow! Das war jetzt Wahnsinn. Vielleicht könnt ich ja auch einmal Gipfel erklimmen. Die höchsten. Bei den Löwen spielen. Oder Bundesliga. Weltmeisterschaft. Wer weiß, warum soll nur einer Goldjunge sein? Der hat ja auch irgendwie nur mit einem alten Ball aufm Acker zu kicken begonnen. Wie wir hier aufm Bolzi. Ich glaub, ich werde auch mal so gut wie Maradona.

Ein Blitzgedanke, freilich, aber ich war im Sport tatsächlich überall vorn dabei. War im Turnen Gaumeister (so hieß das damals tatsächlich, ich würde sagen, mittlerweile Regionalmeister oder so), im Schwimmen mehrfach Oberbayerischer Meister, im Basketball einmal Dritter bei den bayerischen Meisterschaften mit dem SSV Schrobenhausen. Im Tennis war ich zwar nur Vize-Stadtmeister in meinem Jahrgang – der Von der Grün Richard war im Finale unbezwingbar und der Hendl Peter hatte im Halbfinale Magen-Darm.

Aber bei meinem Ball- und Körpergefühl erhoffte ich auch hier baldigst größere Siege. Zudem war es die jüngste Sportart, in der ich mich übte und es gab verheißungsvolle Ansätze. Lobs gingen mir leicht vom Schläger. Stopps erlief ich aufgrund meiner Schnelligkeit mit Leichtigkeit. Die Vorhand surrte peitschenartig. Die Rückhand wackelte zwar und die Doppelfehlerquote beim Aufschlag war hoch. Doch jeder weiß: Boris Becker als jüngster Grand-Slam-Sieger war bei seinem Wimbledonsieg 1985 siebzehn Jahre alt. Ich hatte noch ein wenig Zeit. Trotzdem ein später Einstieg ins Metier. Wohl zu spät.
Das Gesamtpaket betrachtend stellte ich fest: Wenn ein Goldjunge, dann im Fußball. Vielleicht nicht immer beim FC Schrobenhausen – aber auf alle Fälle „El Pibe de asparagus", der Spargel-Maradona. Eine Vision. Eine Vorstellung. Ein Traum nicht unbedingt. Eine Fantasie schon eher.

Der Freundl Ludwig, mein damaliger Tennistrainer, zermalmte meine hochfliegenden Ambitionen mit einem einzigen, unpädagogischen Satz zu Staub. Ein herrlicher Sommertag, Nachmittagstraining auf Platz 4 auf der Anlage des TC Schrobenhausen. Nach einer wiederholt unpräzisen Rückhand meinerseits weit ins Seitenaus schmetterte er fast erzürnt:

„Flo, du kannst alles, aber nix g′scheit!"
Das saß.
Als im gleichen Training der Kränzlein Stefan dem Freundl Ludwig einen zugeschmissenen Vorhandball aufs Auge zimmerte, dieser sein Gesicht schützend und jammernd Richtung Vereinsgaststätte zu Eiswürfel stolperte, dachte ich mir: „Geschieht dir grad recht, du gemeiner Hund."

Ein Elfjähriger steigt nach so einer demütigenden Offenbarung nicht ungerührt aufs Fahrrad. Auf dem Nachhauseweg kullerten die Tränen, so viel Teflon war noch nicht auf meiner zarten Seele. Ich will nicht sagen, dass ich gebrochen war. Keinesfalls. Ich glaube aber, es war der Tag, an dem ich akzeptierte, dass, falls es einen weiteren Goldjungen geben wird, dieser nicht ich sein werde. Vielleicht der Broncel Jürgen oder der Yürekli Tugran. Der Dorschner Gigi oder der Brußi, der Drilling Tommy oder irgendein anderer Junge aus Schrobenhausen, aus Deutschland, aus Brasilien oder halt nochmal aus Argentinien. Beim Fantasieren ist man nicht allein.

Im Grunde hatte der Freundl Luggi nicht ganz unrecht.
Ins Tennistraining ging ich trotzdem nie wieder.

# Die Erscheinung

Diego kam im Sommer 1982 in mein Leben. Wir Buben saßen achtjährig auf dem Asphalt vor dem Kaufhaus Schmederer und klebten Panini-Bilder in unsere Alben, umgehend nach dem Kauf der zwei Päckchen, weil mehr war mit den 50 Pfennigen nicht drin, die man der Mama aus dem Geldbeutel stibitzt hatte. Die Ablösefolien der Klebebilder wirbelte der Wind davon. Passanten mussten mühevoll über die achtlos hingeworfenen BMX-Räder steigen, ältere Personen murrten:
„Es Saukrippen! Habt's woi scho lang koa Watschn mehr kriagt".
Entweder hörten und sahen wir nichts (ein bisschen so wie im Matheunterricht), predigten scheinheilig irgendwas von Notfall (ein bisschen so wie im Religionsunterricht) oder waren vertieft in unsere Aktion (ein bisschen so wie im Sportunterricht) und es wäre Wahnsinn, wär's so gewesen, aber es könnte tatsächlich das erste Bildchen gewesen sein, das ich ausgepackt habe: Nummer 176, ein Spieler vom amtierenden Weltmeister Argentinien – Diego Armando Maradona.
Grimmiger, entschlossener Blick, in die Ferne gerichtet, als säße oben auf den Rängen in der Weite

des Stadions ein Zuschauer mit einem Banner, auf dem steht: „Maradona, du Pflunzn!"
Ich mochte den Mann sofort.
Madonna, las ich anfangs. Lustig, wie die Maria, Mutter Gottes. Während ich ihn vorsichtig in den dafür vorhergesehenen Rahmen klebte, kam mir der volle Name nochmal über die Lippen. „Diego Armando Maradona."
So, dachte ich, sollte man als Fußballer heißen. Nicht Karl-Heinz oder Hansi oder Harald.
Ich blätterte zur deutschen Nationalmannschaft und platzierte dort meine nächste Klebeerrungenschaft.
Uwe Reinders.
Der Mann sollte später auch einmal wegen seiner Hand beziehungsweise den Händen Berühmtheit erlangen. Nicht so wie Diegos Hand 1986 – die Hand Gottes –, aber Uwe Reinders gelang die Mutter, also die Madonna aller Einwurftore (quasi der Maradona unter den Einwurftoren). Und zwar in der Bundesligasaison direkt nach der WM '82 gegen Jean-Marie Pfaff vom FC Bayern München. Reinders katapultierte den Ball per Einwurf aufs Tor, und der wurde von Jean-Maries Finger, übrigens in seinem ersten Spiel für die Roten, ins Netz gelenkt, somit so gültig wie sensationell.

Über Uwes Tor freute ich mich damals als vager 60er-Fan natürlich kurz.
Über Diego freute ich mich ein Leben lang.

In meinem Herzen ging sein Stern 1986 auf. Denn in diesem pummelig wirkenden kleinen Derwisch erkannte ich mich selbst. Ich war als junger Mensch auch eher klein, wenn auch ziemlich dünn und muskulös. Ich war schnell. Das war meine Waffe. Klar hatte auch ich ein paar Tricks auf Lager, aber aufgrund meines Speeds war bei mir eben der Bauerntrick (links Ball, rechts Flo am Gegner vorbei) der verlässlichste. Später kam noch eine Fähigkeit hinzu, mit der ich mir Vorteile verschaffte, aber eher Uwe-Style als Diego-Kopie: der weite Einwurf.

Was Diego da im Fernsehen bei der WM in Mexiko 1986 veranstaltete, hatte in meinen Augen etwas Zirkushaftes. Seine Rotationen und schnellen Antritte nach Tricks und Körperfinten waren etwas Neuartiges für mich. Weil manche Gegner binnen Millisekunden gefühlt Lichtjahre hinterher waren, empfand ich manche Spielszenen als Slapstick. Der Ball war wie ein Wattebausch an Maradonas Fuß, als würde er ihn mit einer kurzen Gummischnur bei sich halten. Die Bilder der TV-Übertragung waren längst nicht so brillant wie heute, aber wir hatten Farbfernsehen und unter der mexikanischen Sonne tanzte diese blau-weiß-gestreifte Nummer 10 über das grüne Parkett, Fred Astaire überhaupt nichts dagegen.
Klar drückte ich mit meinen Kumpels der deutschen Nationalmannschaft die Daumen. Aber

während dort Felixe, Karl-Heinzens, Hans-Peters und Uwes über den Rasen pflügten (Pflügler!), als müssten sie für Agrarmaschinen Werbung betreiben, boten die Argentinier Vorführungen in ästhetischer Eleganz.

Hier erwähne ich umgehend, dass ich niemals despektierlich über die deutsche Fußballkunst sprechen will (schon zu spät!). Rudi Völlers Art, das Trikot aus der Hose hängenzulassen, hat mich modisch durch meiner Fußballzeit getragen. Was Buchwald 1990 im Finale veranstaltete, hatte etwas von der Filigranität seines Gegenspielers Diego Maradona. Der Titel im Jahr 2014 war als Mannschaftsleistung unbedingt verdient.

1986 die Begriffe „Fußball und Kunst" unter einen Hut zu bringen, war allerdings nur mit dem Vergleich „Ball und Maradona" möglich.

Könnte nun die erste kritische Stimme kommen: Was will der Weber als Bub von Kunst verstanden haben?

Antwort: Verstanden vielleicht nicht viel, aber geliebt habe ich sie. Die Kunst. Mein Berufswunsch bis zu meiner gescheiterten Bewerbung an der Kunstakademie München war: Kunstmaler!

Und logisch: Als junger Verehrer habe ich Maradona oft gemalt, gezeichnet, skizziert und seine Nummer 10 des Argentinientrikots mit jedem Stift oder Pinsel auf jeder erdenklichen Unterlage

darstellen können. Fragen Sie Herrn Herger, Hausmeister am Gymnasium Schrobenhausen.
Diese Nummer 10 führte mich später sogar bis zum Tätowierer. Dazu später mehr.

# The Summer of '86

Natürlich haben wir als Zwölfjährige Fußball nicht so gesehen, verstanden oder gelesen wie jetzt. Maradonas Ruf und Ruhm war damals noch in der Entwicklung, nicht in der Rückschau zu etwas Ikonischem, Heroischem gereift. Ich erkannte einfach: „Was der macht, ist Wahnsinn."
Wir hatten damals weitere, eventuell sogar stärkere Interessen. Einige seien hier aufgezählt.
Bolzplatzduelle. Schnacklmesser. Räuber & Schandi. Zündeln (nicht hetzerisch wie Populisten heutzutage, sondern Gegenstände anbrennen). Mädels necken und schon ein bisschen gut finden. BMX-Rad fahren. Zelten – im Sommer. Unentdeckt durch den Schnee robbend durch alle Gärten der Georg-Leinfelder-Straße, also Zäune oder Sträucher überwinden und Nachbarsaugen entkommen, hoch bis zum Albertus-Magnus-Weg und auf der anderen Seite zurück – im Winter. Basketball am Roten Platz. Straßenhockey an Walters Garagentor. Commodore-C64-Spiele (Es gab doch tatsächlich ein Spiel namens *Peter Shilton's Handball Maradona*). Eisessen beim Gianni.

Es war Sommer 1986. Der Sommer der Zwölfjährigen. Der Sommer, in dem wir mit der E-Jugend Meister wurden. Der Sommer, in dem wir unschuldige Rabauken zum ersten Mal bei der Siegesfeier Laternen-Maße schlürften, zum ersten Mal auf Plattenpartys zu Europes *Final Countdown* tanzten, zum ersten Mal unsere Lippen zum Küssen spitzten.

Es war der Sommer, in dem die Kinder Karola und Melanie Weimar getötet wurden. Der Sommer, in dem wir als Familie nach Kroatien ans Meer fuhren und ich in der Open-Air-Disco zu *(Hey You) The Rock Steady Crew* eine waghalsige Breakdance-Show ablieferte.

Es war der Sommer des „Tor des Jahrhunderts" und der „Hand Gottes".

Die Aura Diego Maradonas zog mich in den Bann. Ich begann zu begreifen.

Natürlich verstand ich als leidenschaftlicher Kicker, wie einer immer mehr zum Gejagten wird, weil er elf andere ausspielt und recht doof aussehen lässt. Dass man den aus den Schuhen treten will. Nicht weil man gewinnen muss, sondern weil er einen bis aufs Blut reizt mit seiner vorgetragenen Schönheit des Spiels, die einen nicht zum Statisten, sondern zum Deppen degradiert.

Ich verstand, dass dieser Argentinier auf dem Rasen etwas Besonderes veranstaltete. Die Kombination von Eleganz und Wucht. Von Gefühl und

Zielstrebigkeit. Ich begriff seine Magie – und auch die Machtlosigkeit seiner Gegner.

1986 war mein erstes Panini-Bild nicht Diego Armando Maradona. Sondern der Belgier Jan Ceulemans. Ich erinnere mich, weil *Ceulemans* später für uns heranwachsende Entwicklungsschüler ein gängiger Begriff für *erigiertes Glied* war. Als zum Beispiel einer von uns im Freibad mit der Claudi geknutscht hatte und die Begeisterung nach dem Zungenkuss an der hervorstechenden Wölbung seiner damals hochmodischen engen Speedo-Badehose abzulesen war, dann waren lapidare Sprüche wie „Sapprament, da wurde prompt der Ceulemans eingewechselt" oder „Ceulemans steigt zum Kopfball hoch" gang und gäbe. Okay, Gottschalkiesken von Heranwachsenden. War aber so.

Panini-Diego ließ in diesem Jahr lange auf sich warten. Da er schon als der vermeintliche Superstar der WM galt, vermutete ich im Zurückhalten des begehrtesten Objekts eine Taktik der Firma Panini zur Umsatzsteigerung. Übrigens: Für Diego konnte man leicht drei Glitzis (Silberwappen) – oder ein Glitzi wie drei Deutsche – oder vier Kanadier und zwei Dänen tauschen. Klingt nach Menschenhandel, war aber stinknormaler Geschäftsverkehr im Panini-Business. Diego war die härteste Währung. Auch wertvoll natürlich

Altobelli, Socrates, Lineker oder Platini. Maradona aber der Tausi unter den Sammelbildern.

Das Ding war, es machte nicht „Bumm!" und Diego Armando Maradona war in jeder meiner Körperfasern zugegen. Das Phänomen wuchs eher. Trieb Wurzeln und Knospen und blühte immer mehr auf. Es war nicht Liebe auf den ersten Blick und stante pede Hingabe und Treue. Ich spürte aber immer mehr, wie mich der junge Diego „anfasste". Es sollten nicht alle in meinem Fußballteam oder Kumpelkreis so denken. War es der Funki oder vielleicht der Irish, der meinte:
„Dieser Alfredo Maradona, oder wie der heißt, der schnupft doch Haschisch oder so was. Wie der da rumkreiselt. Das ist doch nicht normal. Eigentlich ist der ein Hampelmann."
Ein anderer, bestimmt der Andi: „Haschisch schnupft man nicht. Das frisst man, du Depp."
Der Alex oder irgendwer: „Haschisch frisst man nicht, da stirbt man."
Der Andi wieder: „Haschkekse, du Depp! Die frisst man logisch."
„Mei," meinte noch einer, „wenn man die Kekse richtig fein zerbröselt, könnte man sie auch schnupfen."

Was ich sagen will: Diego polarisierte schon, als wir noch gar nicht wussten, was polarisieren eigentlich

bedeutet. Und was Haschisch bedeutet, wussten wir damals ebenso wenig. Was ich aber wusste, war, dass dieser irre, filigrane Fußballer keine Drogen braucht, um göttliche Leistungen zu bringen. Niemals.
(Ich weiß nicht, ob ich später genauso bei Ben Johnsen, Lance Armstrong oder Johann Mühlegg dachte.)

Seitdem ich denken kann, waren wir auf dem Bolzplatz immer irgendwer. Der eine war Platini. Der andere war Beckenbauer. Der Dritte war Briegel. Einer war der Top, Spieler aus der Reservemannschaft des eigenen Vereins, weil der Top Wadln hatte, umfangreicher als Gerd Müllers Oberschenkel. Jeder verkörperte irgendwen – ob man den nun anhimmelte oder nicht. Wir Jungs die Fußballer und die Mädchen Sportlerinnen wie Ulrike Meyfahrt, Katarina Witt, Rosi Mittermaier, Martina Navratilova oder Nadia Comăneci. „Und der Flickflack gelingt Nadia Comăneci heute äußerst fein", so ihre Kür kommentierend.

Wir brüllten nach erzieltem Tor „C'était Platini!" – „Hrubesch fegt Ball, Feind und Freund allesamt in die Maschen!" – „Maradona! Maradona! Maradona! Argentina es campeone del Mundo!"
Wir imitierten den Jubel und die Tricks. Einen Diego-Trick konnte ich damals und kann ich auch

heute noch. Es ist eine physikalische, koordinative Timing-Angelegenheit, bei der man den Ball als Drop-Kick mit der Hacke immer wieder in die Höhe katapultiert, während man sich um seine eigene Körperachse dreht, um sofort wieder per Dropkick-Hacke den Ball nach oben zu treiben, sich zu drehen und wieder im richtigen Moment ... Klingt kompliziert. Ist es! Gucken sie dieses Video: https://www.youtube.com/watch?v=QjmUsqIqP1w Minute 4:19 – 4:24

Im Video ist dieses Kunststück vom Meister selbst zu sehen.

Als ich diesen Trick im Fernsehen einst bei einer Warm-up-Einheit bestaunte, die Diego grundsätzlich mit offenen Schuhbändern abhielt, war ich geflasht. Ich versuchte mich erst im Wohnzimmer. Natürlich war das ein Fehler. Das Ergebnis: ein kaputtes Weißbierkrügerl und ein herabgefallener Vogelkäfig mit völlig hysterischem Inhalt. Deswegen verfeinerte ich den Trick im Freien. Ich erlernte ihn verhältnismäßig schnell. Ich kann ihn immer noch. Mario Basler würde nun sagen: „Sie können misch jedazeit nachts anrufe, ich mach Ihnen den Trick sofort blind nach."

Ich würde sagen: Rufen Sie mich nicht an. Vor allem nicht nachts. Aber ich mach Ihnen den Trick. Nicht blind. Aber so, wie ihn Diego damals vorzeigte. Genauso. Nur einige Umdrehungen länger.

Montag, 23. Juni 1986. Der Ball im Gebüsch, alle zu faul, zu fertig, zu verschwitzt, um ihn aus den Brennnesseln zu holen. Deswegen Pause oder gar Ende des Bolzplatzspiels. Manche schon auf ihren Bonanza-Rädern überm Lenker hängend, andere noch auf dem Rasen sitzend, die Birnen hochrot und mit vom Schweiß abstehenden Frisuren.

Der Andi: „Dreckschwein!"

Der Alex: „Schon, das war schon fies. Im Grunde Betrug."

Der Hans-Jürgen, weil er Torwart war: „Den muss der Shilton eigentlich haben. Wenn er rausgeht, muss er den haben. Dann ist's eigentlich egal ..."

Andi wieder: „So eine Sau. Der hupft da mit der Hand hoch und faustelt den da rein. Und dann dreht er jubelnd ab. Sau, echt hey!"

Einer von den Skatern: „Dolomiti oder Brauner Bär?"

Andi bestimmt: „Z'Maul! Wir sind hier doch nicht zum Eisessen. Die Argentinier sind doch alles Gauner. Al Capone und so. Und der Maradona ist der schlimmste."

Der Irish vielleicht: „Dieser kleine Fettsack. Wohl zu viele Kühe gefuttert. Machen die doch da in Argentinien. Sagt mein Opa zumindest."

Der Gigi vielleicht: „Hm ... aber vielleicht hat er gar nicht gemerkt, dass er den mit der Hand berührt hat. Vielleicht dachte er, er hat den Ball mit'm Kopf erwischt."

Der Andi erbost: „Wenn ich dir a Fotzn aufm Kopf geb, dann sagst ja auch nicht: Au, meine Hand!"
Der Ralf vielleicht: „Also der soll halt Handballer werden. Oder Volleyballer, so wie der den da reinschmettert."
Der Rolfi gleich hinterher: „Für Volleyball ist er zu klein. Aber als Kreisläufer beim Handball ideal, mit dem Ranzen und so ... aber da nimmt er dann wahrscheinlich den Fuß her, der Hundling."
Schnatter. Schimpf. Schiebung. Alle am Meckern.
Ich: „Er hat doch gesagt, dass er es nicht war, im Interview danach. Es war Gott."
Alle so: Aaaaarrghhhh!!!
Nur einer von den Skatern zu seinem Kumpel: „Ich Dolomiti. Du?"
Der andere: „Ich nogger mir einen."


Ich hatte bei Diegos 2:0 gegen England im Viertelfinale ein klares Urteil (Endstand 2:1).
Pro Maradona.
Ich bin in meinem Elternhaus gerechtigkeitsliebend aufgewachsen. In Aufrichtigkeitslehre. Fairplay war nicht nur ein Gedanke – sondern ein Muss bei uns zu Hause. Ich war stets mehr Samariter als Sam Bankman-Fried. *Hilf den Schwachen, den Armen*, hieß es stets. Aber England war nicht schwach. Und arm im Grunde auch nicht. Vom Falklandkrieg hatte ich keine Ahnung, vom Wembley-Tor aber schon. War zwar gegen Deutschland und nicht

gegen Argentinien, aber im Grunde auch unfair, wie Roger Hunt im Finale 1966 nach Geoffrey Hursts Lattenschuss, der deutlich vor und nicht hinter der Linie aufprallte und aus dem Kasten flog, einfach jubelnd hochsprang. Ähnliches Täuschungsmanöver.

Diego hatte keine Schwachen, keine Armen besiegt. Sondern ein Königreich, ein Schummel-Königreich, wenn man das zu Unrecht gegebene Wembley-Tor mit der Fairness-Lupe betrachtete. Was für mich zählte, war Folgendes: Wenn neun Engländer sich von einem einzigen Argentinier dermaßen herflaxen lassen und ein Tor (des Jahrhunderts) kassieren (2:0), brauchen sie sich über ein Tor, das eventuell mit dem nicht ganz offiziell erlaubten verlängertem Hinterkopf erzielt wurde (1:0), nicht zu beschweren. Außerdem hätte Gary Lineker zu jeder Zeit auch zwei Tore schießen können, so wie Diego. Dann hätten sie nämlich 3:2 gewonnen.

Sogar familienintern wurde diskutiert. Mein Vater, einst ein sehr guter Handballer (übrigens eine der härtesten, aber fairsten Sportarten überhaupt) fand das gar nicht gut.

„So ein toller Fußballer und doch so ein Depp", schimpfte er.

Auch mein Bruder verurteilte die Art des Torerfolgs. Unsere Mutter war vor zwei Jahren verstorben, deswegen meinte meine Schwester in ihrem Fairnessverständnis: „Mama wär in den Fernseher gesprungen, hätte diesen Maradona am Ohrwaschel gepackt und ihn zum Schiri geschliffen. Die hätt ihn so verdreht, dass er sich hätt hinknien müssen. Und dann hätt Mama gesagt: So, *Biarschal*, jetz sagst augnblicklich Entschuldigung."

Ich hingegen bemerkte, dass ich dem Zauber Diego Maradonas verfallen war. Die Aktion war schlicht clever, so mein nicht ganz objektiver Rechtsspruch. Ein bestimmtes Bild prägt deutlich meine Erinnerung an die Weltmeisterschaft 1986. Sechs ängstlich dreinblickende Belgier auf einer Linie in Erwartung des Wirbelsturms Diego, der auf diesen Abwehrriegel zudribbelte. So geschehen im Halbfinale.

Jean-Marie Pfaff blaffte nach diesem mit 0:2 verlorenen Spiel angesäuert auf Deutsch ins Mikro, als er vom Moderator eines deutschen Fernsehsenders gefragt wurde, warum seine Mannschaft den argentinischen Spielmacher zu keiner Zeit in den Griff bekam:

„Maradona! Maradona! Maradona! (Kurze Pause) Maradona mache Trick mit die ganze Körper. Schieße Tor mit die Gnack (Genick)."

Ich war im Finale durchaus für Deutschland, wurde sogar nach meinen wütenden Beschimpfungen der starren deutschen Verteidiger nach dem 2:0 für

Argentinien nach oben in mein Zimmer geschickt. Wurde bei Rudis 2:2 wieder nach unten zitiert, um dem Wahnsinn beizuwohnen, der, prompt hatte ich mich wieder auf dem Sofa platziert, durch einen die deutsche Abwehr zerfetzenden Pass von Diego und dem anschließenden Tor von Burruchaga seinen argentinischen Höhepunkt fand. Ich fluche wieder: Matthäus zu weit weg! Briegel viel zu langsam! Schumacher eine Krücke – an allen drei Toren schuld!

Innerlich wusste ich jedoch: Wer hätte Diego denn stoppen sollen? Wer? Selbst wenn neun Engländer, sechs Belgier und elf Deutsche gleichzeitig auf dem Platz gestanden hätten – Gegen Gott hast du keine Chance!

Diego hat 1986 meine Welt verzaubert, verärgert, verwirrt oder nachhaltig beeindruckt.

Die „Hand Gottes" wurde später sogar mit einer Glaubensgemeinschaft gewürdigt. 40.000 Anhänger hat die Kirche „Iglesia Maradoniana". Und deren „Vaterunser" startet wie folgt: „Diego unser, der du bist in Kuba ..."

Ich habe einen Mitgliedsantrag gestellt. Aber einen Vertrag nie erhalten.

# Maradona goes Baden-Baden

1994 habe ich im Sportstudium Peter kennengelernt. Er war Schlagzeuger und Fußballkenner, sogar Autogrammjäger in jungen Jahren, und er kann heute noch Fußballspieler aus den 80er Jahren aufzählen, die man als bloße Erfindung lustiger Wortakrobaten abtun würde, könnte Peter von diesen nicht Fotokarten samt Unterschriften vorweisen.

Peter erzählte gerne auch von seinem dreimonatigen Italienaufenthalt, wo er eine Sprachschule besucht hatte, von Florenz, Livorno und einem Mädchen namens Chiara, von rotweinflaschengrünen Trinkgelagen und Ausflügen in Fußballstadien. Er war und ist Bayernfan, was später auf Tour unserer gemeinsamen Band oftmals in eine lustige Neckerei auf der Bühne ausuferte. Denn ich bin Löwenfan. TSV 1860-Anhänger. Die Farben blau und weiß, längsgestreift. Wie die Trikots Argentiniens.
Als ich mit dem Löwen-Dings anfing (kann man ja ruhig so nennen), hatte bei 1860 München Magic-Kneißl die Rückennummer 10. Ebenso ein

Zauberer wie die Nummer 10 bei den Argentiniern. Roland Kneißl, der Magier von Giesing, war im Vergleich zu Diego Maradona, El Pibe de Oro, etwas limitiert – für die Löwen war es mehr als ausreichend, deswegen Roland Kult.

(Die Löwen hatten immerhin einmal Pelé in den Reihen. Abedi Pelé – der allerdings bei seiner Unterschrift dachte, er hätte bei dem Verein auf der anderen Seite der Grünwalderstraße, also an der Säbener Straße – home of the the red arrogants – unterschrieben. Er schoss von 1996 bis 1998 zwei Tore für die Löwen. Die Verantwortlichen des Vereins waren von dem Ghanaer mit dem großen Namen enttäuscht – aber von der Idee überzeugt, dass gewisse Namen beziehungsweise bestimmte Familienverbindungen ertragreich sein könnten. Zehn Jahre später versuchten sie es mit einem Argentinier ohne großen Namen, aber mit großer Verwandtschaft. Emanuel Biancucchi – ein Cousin von Lionel Messi, Maradonas legitimem Nachfolger. Biancucchis Torquote bei den Löwen: null! Ich muss Ihnen nicht erklären, wohin die ideenreichen Verpflichtungsvorgänge des TSV 1860 den Verein führten.

Eine abschließende 1860-Anekdote: Der Meister selbst, Diego Maradona, absolvierte auf dem Löwen-Trainingsgelände eine Trainingseinheit als argentinischer Nationaltrainer, im Jahr 2010 mit Zigarre im Mund. Eine Vorbereitung auf das

Freundschaftsspiel gegen Deutschland in der Arena am nächsten Tag. Hierfür wurde in München eine passende Sportstätte gesucht und gefunden. Natürlich das Trainingsgelände brechend voll von Kiebitzen, Schaulustigen, Fußballanhängern und Fach- wie Boulevardjournalisten.
Einem aufdringlichen Fan hatte er zugerufen: „Du gehst mir auf die Eier!" – der Fan hätte ich sein können. Ich war jedoch nicht vor Ort.)

Im Frühjahr 1995 besuchten Peter und ich mit ein paar Studienfreunden unseren Kommilitonen Ronnie in seiner Geburtsstadt Baden-Baden. Er lud zum 21. Geburtstagsfest in seinem heimatlichen Partykeller. Es war der Abend, an dem Axel Schulz gegen George Foreman boxte, bei Weitem besser war, aber trotzdem als Verlierer den Ring verlassen musste – business as unusual, also ganz normales Box-Business. Dies tut nichts zur eigentlichen Geschichte.
Im dunklen Keller mixten sich Sportstudenten mit Ronnies heimatlichem Freundeskreis, feuchtfröhliche Wettbewerbe in Limbo und Lumumba wurden abgehalten, Wurstsalat und Schnitzel von Mama verdrückt und mit seinem Papa über Fußball diskutiert. Der erklärte uns, er sei einst in Kanada, Alberta County, wo er als junger Mann viele Jahre gelebt hatte, durch ein Tackling an seinem Gegenspieler, nach seiner

Ansicht nach blitzsauber und einer roten Karte unwürdig, vom Platz gestellt und lebenslang vom Spielbetrieb ausgeschlossen worden.
„Gschperrt for life."
Die Kanadier waren gesunde Härte nicht gewohnt. Er betonte aber umgehend, dass ihn nicht nur seine körperliche Präsenz auszeichnete, sondern:
„Mia in Bade-Bade spiele au a gude Fußball."
Cheers, Mate!
Zu fortgeschrittener Stunde ging es noch ins *Griffins*, eine von zwei angesagten Diskotheken. Wir schwoften angeschäkert durch die Disco, Ronnie war Fan von 80er-Jahre-Musik. Der DJ zeigte sich geburtstagskindfreundlich und wir alberten und soffen und tänzelten zu Russ Ballard, Pia Zadora oder Madonna (nicht Maradona – noch nicht) durch die Diskothek. Die Studentenfraktion benahm sich wirklich wild, sodass wir sowohl für Begeisterung („Hurra, hurra, die Münchner, die sind da!") als auch für Verwunderung („Bauernlümmel!") sorgten.
Als nur noch wenige Gäste und unser Häufchen Kumpels anwesend waren, einige in den Sitzecken schlafend, einige an der Bar um Getränke flehend, verstummte die Musik. Die noch Wachen drehten sich murrend zum DJ und wir sahen, dass unser Peter sich von diesem ein Mikrofon auslieh. Er platzierte sich auf einer kleinen, an die DJ-Kanzel grenzenden Bühne und schmetterte auf Italienisch ohne Vorstellung oder Einführung folgendes Lied:

*O mamma, mamma, mamma,*
*o mamma, mamma, mamma,*
*sai perche mi batte il corazon,*
*ho visto Maradona, ho visto Maradona,*
*ue mamma, innamorato so'*

Ich traute meinen Ohren kaum. Hatte ich Peter damals, die Band Stiller gab es noch gar nicht, von meinem Enthusiasmus für Maradona erzählt? Nicht dass ich wüsste. Er sang meinem Lieblingsspieler eine Huldigung. Und es sollte sich noch steigern.
Plötzlich sprang Peter im Takt und schmetterte seinen linken Arm auf und ab, weil er ein nächstes Lied abfeuerte. Ohne Playback, ohne Instrumentierung versteht sich:

*Maradona è meglio 'e Pelè! Ci hanno fatto 'o mazz' tant pe' l' ave'!*
*Maradona! Maradona! Maradona! Sai perche!*
(Die letzten beiden Wörter entsprechen nicht dem Originaltext, werden aber seit diesem Vorfall so gesungen.)

Mittlerweile waren wir alle direkt vor der Bühne. Ein sich überschlagendes, umklammerndes Studentenpack, das völlig austickte. Peter grölte nun immer wieder:

*„Uhohuhohuh Napoli! Napoli! Napoli!
Irragazzi della Curva B!"*

Wir wurden von Peters Solodarbietung dermaßen angestachelt, lachten, schrien, als wäre unsere Uniauswahl just Weltmeister geworden. Wir sprangen mit ihm auf und ab. Aus der Lichtorgel ballerte das Stroboskoplicht im 32stel-Takt, alles drehte sich und drohte zu entgleisen. Der DJ panikte um sein Mikrofon und brüllte um Einhalt flehend:
„Mia in Bade-Bade wolle so was ned!"
Die noch anwesenden Gäste amüsierten sich oder waren verstört. Peter wand sich, behielt mikrofontechnisch die Oberhand und schickte plötzlich mit sich überschlagender Stimme *„Cremonese vaffanculo! Vaffanculo! Vaffanculo!"* über die Boxen.
Dagegen stand die weinerliche Stimme des DJs: „Hört uff! Hört endlich uff! Ronniiiiiii, pack dei G'schwerl und haut ab!"
Bevor die Disco-Security dem Treiben ein handgreifliches Ende bescherte, finalisierte Peter seine euphorische Diego-Hymne mit den Worten:
„Other players play – Maradona kills. Grazie mille! Ciao Bade-Bade!"
Mic Drop!

Woher Peter nur die ganzen italienischen Schlachtenbummlersongs kenne, wollten wir natürlich umgehend wissen. Auf dem Nachhauseweg erzählte er wieder vom wunderschönen Italienaufenthalt. Von Florenz. Von Chiara. Und von neuen Freunden aus ganz Italien, von denen viele ebenso wie er Fußballfreaks waren. Die Neapolitaner, also die ragazzi della curva B, singen eben: *Maradona ... innamorato so'!*

Wir verließen mit dem Maradona-Lied auf den Lippen die Diskothek. Absolut textunsicher, aber voller Inbrunst schmetternd.
Wir verließen mit diesem Lied auf den Lippen noch am gleichen Tag Baden-Baden.
Und wir verließen irgendwann mit diesem Lied auf den Lippen München gen Valencia in ein Tonstudio, wo wir 1999 eine kurze Sequenz des Maradona-Songs in „Spitze" (ein Lied auf dem Sportfreunde Stiller-Album *So wie einst Real Madrid*) einfließen ließen.
Maradona war in der Band angekommen.

Musik und Sport, so'n Ding. Klar, beides energiegeladen, emotionsgeschwängert und ekstatisch. Kann Hand in Hand gehen, dafür gibt es gute Beispiele. Aber auch recht beschissene (nicht von den Sportfreunden!!!).
Bevor wir 2005 unser komplettes Fußballalbum aufnahmen, haben wir natürlich schon den einen oder anderen Fußballer besungen. Benny Lauth in „Lauth anhören", Roque Santa Cruz in „Ich

Roque!" (offenbar ein Mega-Hit in Paraguay. Hat Roque Santa Cruz unserem Peter bei einem zufälligen Treffen vor dem Bayerischen Hof in München erzählt. Wurde mir vor Kurzem bei einem Benefizfußballspiel von Nelson Valdez, ehemaliger Nationalspieler Paraguays in Diensten von unter anderem Werder Bremen, bestätigt.)
Aber eben schon sehr früh auch Diegolito.
In der gleichen Aufnahmesession zum *Real-Madrid*-Album erfanden wir ein Lied, das sich mit der Rettung der Welt befasste – übrigens elf Jahre, bevor Bendzko mit seinem dasselbe Thema aufgreifenden Hit abräumte.

In dem Song „Happy End", den es immerhin als B-Seite auf der *Kompliment*-Single zu hören gab und gibt, zählen wir eine Armee an Superhelden auf. Ein Team, mit dem wir – „woll'n wir wetten, dass wir die Welt jetzt retten" – für das große Happy End sorgen. Eben diese imaginäre, hochgelobte Mannschaft wird von Diego Maradona angeführt. So beginnt auch gleich der Song, damit die Marschrichtung klar ist:
„Als Denker und Lenker unseres Handelns wird Diego Maradona wandeln ..."

Und der Rest der Truppe hinterher:

John Wayne (Charme & Aussehen)
Bruce Lee (The King of Karate)

Die drei ??? (Recherchen & Cleverness)
Matthias Rust (Überflieger)
Christoph Daum (Motivator & Fanatiker)
Elvis (Liebe)
und wir Sportfreunde (naja ... Zähigkeit oder so was)

In dem Lied versprechen zackige Clash-Gitarren (wollten wir eigentlich) und BeeGees-artiger Chorgesang (hätten wir gerne gehabt), was 23 Jahre später immer noch keiner geschafft hat – eine Idee, wie es allen gut gehen könnte. Wie wir die Welt davor bewahren, zu verbrennen, zu verdursten, auseinanderzubrechen.

Warum wir keinen Song über Diego selbst geschrieben haben, kann ich nicht beantworten. Vielleicht war er mir zu nahe, lag uns zu sehr am Herzen, und wir wollten der Gefahr aus dem Weg gehen, dass wir ihm nicht gerecht werden.
Boris Becker hingegen bekam ein Lied von uns. Nach seinem letzten offiziellen Profispiel knallten wir im Proberaum umgehend einen Bouncer aufs Blatt.
„The King is dead but not forgotten", so hieß das Lied. Es wurde nie aufgenommen. Kann also so bouncing nicht gewesen sein.
Auf Boris trafen wir zweimal im Leben. Einmal bei der „Men of the Year"-Verleihung vom *GQ*-Magazin.

Wir waren die Preisträger! Unvorstellbar, dem war aber so. Rüde und ich benutzten kurz vor Beginn der Veranstaltung die gleiche Toilette wie Boris. Wir standen an den Pissoirs und gackerten herzhaft über die hirnrissige Idee, uns als Männer des Jahres auszuzeichnen. In dem Moment tritt Boris, von uns vorher nicht bemerkt, mit einem lockeren „Servus" aus einer der Kabinen. Er war nicht nominiert. Aber einer der heißesten Sportexporte aus Deutschland und eben „The King" in unseren Augen. Nach anfänglicher Perplexität wollten wir ihn ansprechen, ob er bei einem unserer Lieder mitwirken möchte. Bis wir aber unsere noch tröpfelnden Glieder eingepackt hatten, war er schon im Pulk der Wichtigen und Schönen verschwunden. Wir waren in unserem sportiven, verschlissenen Kleidungsstil zwischen all dem Protz und Prunk eigentlich fehl am Platz, aber sag einem Gewinner „Hey, zieh´ dich mal um, deine Hose hat ein Loch, die Streifen lösen sich von deinen Schuhen und was fällt euch ein im Kapuzi zu kommen? Alle tragen Anzug, Krawatte und haben blinkende Manschettenknöpfe an den Ärmeln, ordentlich gegelte Frisuren und halten den Kleiderstatus dieser Veranstaltung hoch. Und ihr?"

Die Antwort wäre gewesen: „Wir halten den Pokal hoch."

Ich glaube, als wir den Preis entgegennahmen, dankte ich meiner Oma. Für das Stopfen der Löcher in meiner Hose. Und Diego Maradona. Fürs Existieren.

Das zweite Mal, als wir Boris trafen, waren wir Sportgäste, also aktive Wettkämpfer, in Kai Pflaumes Sendung *Klein gegen Groß*. Bei einer seltsamen Übung, in der wir durch eine Art vertikale Sprung-Roll-Kombination an den Füßen befestigte Seile zu einem Zopf flechten mussten, schlugen wir unsere kindlichen Kontrahenten aus Versehen vernichtend, was uns dermaßen leidtat, dass wir uns danach in unserem Backstage-Raum gegenseitig bitterliche Vorwürfe machten. Boris und seine Frau waren Talkgäste und er meinte nach unserer sportlichen Leistung: „Gut gemacht. Ihr seid doch die mit dem *Applaus*-Lied. Gut gemacht. Aber *Tage wie diese* war auch nicht schlecht."

Ich weiß bis heute nicht, ob er den Tote-Hosen-Song von 2012 meinte oder unser 2002 veröffentlichtes Lied *Tage wie dieseR*. Wenn Letzteres, dann höchsten Respekt.

# Diego über Diego

Es gibt gute Lieder über Maradona. Von Marteria („Maradona Shirt") oder Provinz („Diego Maradona"). Es gibt logischerweise unzählige auf Spanisch über ihn. „La mano de dios" sang Maradona selber gerne auf Partys, wie wacklige Videos und darin ein wackliger Maradona beweisen.

Wir Sportfreunde schmückten gerne unsere Lieder mit ihm. Aber nicht nur Lieder. Ich war eine Zeit lang von seinem Kult so besessen, dass ich mir Diego-Maradona-Utensilien besorgte, um damit mein Schlagzeug-Surrounding auf der Bühne zu dekorieren.

Über Ebay hatte ich eine kleine Maradona-Plastikfigur erworben. Die war wie eine Gallionsfigur auf dem vorderen Spannring meiner Bassdrum angebracht. Diego war im Begriff, vorn auf der Welle meines Beats sitzend, einen mit Spannstoß abgefeuerten Ball ins Publikum zu feuern. Hatte was Denker- und Lenkerhaftes. Auf einem Case neben mir waren ein runder Aufkleber mit skizzierten Diego-Outlines und ein Foto von ihm, das ihn schreiend beim Torjubel zeigte. Ich hatte ein riesiges Raritätenheft mit seltenen Fotos von Diego darin, mit spanischen Texten, stets in der unteren Schublade des Drum-Cases, falls ich mal was Wichtiges nachblättern musste.

Wir Sportfreunde trugen während Konzerten oder TV-Interviews T-Shirts mit seinem Konterfei, sangen eher zu oft als zu selten Peters Maradona-Song in Mikros von Journalisten, die eigentlich nur wissen wollten, was wir von der bevorstehenden Preisverleihung XY erwarten oder wer für uns den Hit des letzten Jahres geschrieben hat.

Wir tourten 2004 mit einer Band aus New York City namens Elefant. Die Musik war angelehnt an den rock'n'rolligen Post-Punk-Sound (was für eine Sparte!) der Strokes und dergleichen. Stylische Typen, sehr nett, aber schüchtern. Sänger und Frontmann Diego Garcia nahm meine Maradona-Verehrung mit Begeisterung auf. Nachdem er während ihres ersten Konzertes laufend auf meinen Maradona-Schrein geblickt hatte, kam er nach unserem Konzert mit zwei Bieren und folgender Geschichte auf mich zu.

Diego: „Hi. I'm Diego. I saw on stage you are a big Maradona fan."

Flo: „I know who you are. How was your concert?"

Diego: „Good, good. Ah ... my parents are Argentinians."

Flo: „Ahhh ... so ...", ich deutete auf ihn, „you are an Argentinian as well?"

Diego kreiste mit dem Finger seitlich seiner Schläfe. Alles klar.

Flo: „So, you are a big Maradona fan as well?"

Diego: „Of course. Diego Maradona is my father's favourite soccerplayer. He's a massive fan. He's addicted. My name?"

Flo: „Äh ...Garcia?"

Diego: „No ... my first name?"

Jetzt fiel der Groschen. Entweder war ich noch überhitzt vom Konzert oder das Biertrinken gegen die Dehydrierung ging zu schnell und ich saß auf dem Schlauch.

Flo: „Logo. Diego. You are called Diego, because of Diego Maradona, right?"

Diego, als hätte ich die letzte Frage des Abiturs, die über Wohl oder Scheitern entscheidet, richtig beantwortet: „Yeah man. Right! We are both big Maradona fans."

Ich fand die Geschichte romantisch und wollte ihm Ähnliches auftischen. Allerdings war mein Vater Handballspieler, ein sehr guter. Ich wusste nicht einmal, ob er einen Lieblingsfußballer hatte. Ich kam schnell zu dem Entschluss, dass es keinen Sinn machen würde, zu behaupten, ich hieße Joachim, benannt nach dem Lieblingshandballer meines Vaters, Joachim Deckarm, denn erstens wird Diego Garcia aus New York den deutschen Handballer Joachim Deckarm nicht kennen. Und das eigentliche Problem: Ich hieß ja gar nicht Joachim.

„Okay, cool, let's have a toast to Maradona."
Ich hob ihm meine Bierflasche und mein bestes Grinsen entgegen.
Biere klackerten, Diegos schönste Tore wurden diskutiert. Seine Tricks. Die Hand Gottes. Das Versagen 1982. Warum Diego 1978 nicht dabei war. Warum ein Mann namens Buchwald 1990 Maradona in den Schatten stellte. Welche Drogen Diego 1994 genommen hat. Also beide Diegos. Wieder erklang unser Maradona-Lied. Der Sänger-Diego hatte sogar ein altes Argentinien-Trikot auf Tour dabei.
Im Grunde waren die Elefant-Jungs richtig coole Styler. Lange Mäntel oder Lederjacken. Langhaarige, hübsche Boys mit anständigem Modestil. Schwarze Hemden, Lederschuhe, enge Röhren. Am letzten gemeinsamen Abend trug Diego Garcia aber das Argentinien-Trikot bei ihrem Auftritt. Ich würde sagen, das Polyester-Jersey war aus den 80er-Jahren. Eine deutsche Marke. Ausgebleicht und verwaschen, einfache Streifen ohne Wappen, Nummer oder Namen. So wie man es im Vintage-Markt gerne kaufen würde. Zu später Stunde verließen uns Elefant Richtung Flughafen. Als Abschiedsgeschenk überreichte mir Diego sein geliebtes Argentinien-Trikot.
„Here my friend. From Diego to Floradona."
Die Umarmung war herzlich. Diego Maradona kann Menschen aus unterschiedlichsten Welten

verbinden, dachte ich. Zumindest für kurze Zeit. Seltsamerweise fiel mir auch ein, dass in Schrobenhausen der Kaas Jörg immer behauptete, mit zweitem Namen Armando zu heißen, aus gleichem Anlass wie Diego Garcia Diego hieß. Witzig in diesem Moment. Grundsätzlich schade, denn ich habe weder vom Kaas Jörg noch von der Band Elefant jemals wieder gehört.

# El diez por siempre!

Es dürfte ungefähr die oben beschriebene Zeit gewesen sein, der Höhepunkt meiner Ikonensammelaktion, als ich einer kühnen Idee nachging.

In meiner Sammlung befand sich zu obiger Aufzählung noch eine gültige Briefmarke mit einer Zeichnung des dribbelnden Maradona. Sie hatte keinen Sammlerwert wie die blaue oder rote Mauritius oder gar die British Guiana 1c magenta. Ideell schlug bei mir ein den Ball führender Maradona eben Königin Victoria.

Warum sammelt man aber Dinge? Ist es ein Sich-Betten in eine Hingabe? Eine Präsentation seines Fantums? Eine exhibitionistisches Anpreisen seines Spleens für eine Kunst? Oder für ein Faible, egal wie krass dies anderen erscheint? Hat es gar ethnologische oder anthropologische Hintergründe, ist es gar den Urinstinkten der Jägerinnen und Sammlerinnen geschuldet?

Wir unterscheiden Sammeln und Anhäufen. Das Sammeln setzt eine ideelle Auseinandersetzung mit den Gegenständen voraus. Beim Anhäufen denke ich vordergründig an Geld, das manche nur des Besitzes wegen hamstern, darauf einfach sitzen bleiben, sterben, es vererben, und zwar denen, die dann darauf sitzen bleiben, sterben und vererben ... Was könnte man nicht Gutes mit diesen Anhäufungen anstellen, würde man es geschickt und fair verteilen?

Geld sammeln geht auch, setzt aber nach Definition eine Weitergabe voraus.

Manche Menschen sammeln *Drei-???-Kassetten*. Verstehe ich völlig. Kann man auch immer wieder anhören, ohne dass die Geschichten an Spannung verlieren. Manche Menschen sammeln Instrumente, Gitarren zum Beispiel. Sehen schön aus und klingen alle anders. Manche sammeln ihre Eintrittskarten von Konzerten. Erhalten somit ihre Erinnerungen an diese Abende greifbar auf Papier.

Aber manche Menschen sammeln Porzellankätzchen. Oder Kronkorken. Oder Aufkleber. Oder Bügeleisen. Oder Mineralien. Oder Länderpunkte. Oder Müll, den sie nicht zum Recyclinghof bringen, sondern horten. So jemanden nennt man dann Messi. Und manche sammeln Messi-Trikots. Weil er erstaunliche Fähigkeiten hat.

Die erstaunlichsten besaß Diego Maradona. Zudem war ich von Diegos Coolheit überzeugt. Er verkörperte durchaus etwas Rebellisches. Das war schon auch Rock 'n' Roll, bei allem Mozarteskem seines Spiels. Einige meiner Musikerkollegen trugen Motörhead-Shirts. Ich saß mit Diego auf der Brust an meinem Schlagzeug und polterte doppelt so laut, bei aller Filigranität, die wir auch boten. Na ja, auf alle Fälle Diego auf der Brust!!!

Ich hatte von Maradona die VHS-Kassette *The greatest player in the world*, eine von John Burns verfasste und sehr lesenswerte Biografie *Die Hand Gottes*, diverse T-Shirts, diverse Buttons, diverse Postkarten, Fotos und Wandbilder, eine Truckerkappe mit dem Aufdruck D10S – eine Kombination seines Berufes (Dios = spanisch: Gott) und seiner Rückennummer (10). Ferner einen Schlüsselanhänger, eine Argentinien-Trainingsjacke, Puma-King-Fußballschuhe (Maradonas Modell), zwei Argentinien-Trikots – eines von Diego Garcia, eines von Diego Maradona – quasi. Eines ohne Aufdruck, das von Diego Garcia.

Das zweite mit der Nummer 10 aufgeflockt. Ein Geburtstagsgeschenk. Zwar dunkelblau und neueres Fabrikat, aber die gleiche Grafik wie auf dem 86er-Trikot. Die 10, die ich als junger Mensch schon perfekt auf Papier kopieren konnte. Ich selbst trug in der Jugend meistens die 6. Sollten die Gegner sich ruhig auf die 10 stürzen, weil „da Zehner is bestimmt da Beschte! Da gehma drauf!" Dennoch verleitete mich die Diego-10 zu einem verrückten Gedankengang. Durch ihren Legendenstatus. Durch ihre symbolträchtige Magie. Durch zu langes Anstarren. Ich verlor mich in fantastischen Vorstellungen:

Wäre es nicht das Coolste, man würde diese Nummer stets auf seinem Rücken tragen? Nicht nur auf Trikots. Und auch nicht auf Jacken oder Kutten, wie andere aufgenähte Banner ihrer Lieblings-Metal-Bands oder Fußballvereine trugen?
Sondern immer.
Auf der Haut.
Nein.
Unter der Haut!!!!
Das wäre das Coolste. Da war ich mir sicher.

Ich fertigte eine etwa 30 x 30 Zentimeter große, perfekte schwarze Nummer 10 an. Auf Millimeterpapier mit einem Rapidografen meines Vaters, den ich lange Jahre in Ehren hielt. Er als Konstrukteur wäre stolz auf mich gewesen wie zur ganzen Schulzeit nicht. Ich zog die Linien haarfein, füllte dann akribisch die Flächen mit schwarzer Tusche. So wie ich dies schon häufiger getan hatte, diese erhabene 10, mit der Diego Maradona 1986 Weltmeister geworden war. Am nächsten Tag stieg ich auf mein Fahrrad, leicht nervös ob meines bizarren Vorhabens, eine Mappe im Rucksack, darin ein Blatt Millimeterpapier, und fuhr zur mir bekannten Chaos Crew. In dem Tattoo-Shop war ich schon zweimal Kunde gewesen. Ich betrat den Laden, drei Glöckchen über der Tür bimmelten unheilvoll, sofort dröhnte das typische Surren der Stechmaschinen in mein Ohr und unwillkürlich stellten sich die Nackenhaare auf, denn ein bisschen brennt das Stechen schon immer.

Die Chaos Crew war ein Kollektiv mehrerer Tätowierer, wie der Name schon sagt. Einer der gerade nicht beschäftigten Tätowierer, nennen wir ihn Alex, trat hinter einem Vorhang in den Empfangsbereich, lächelte freundlich. Das Surren tönte weiter. Die Luft geschwängert von dem typischen Patschuli-Sandelholz-Duft, der einem fußballgroßen Steinbuddha aus Ohren und Nase qualmte. Mein Eindruck jetzt gerade: Entweder lehnen sich Tattoo-Studios mit dem Interieur stark Richtung Hawaii/Maori/Buddhismus-Flair oder driften mit ihren Totenköpfen und im Raum aufgestellten Horror-Fantasy-Miniaturen Richtung Heavy-Metal-Unterwelt. Oder halt ganz anders.

Jedenfalls ...

„Servas. Ahh ... Servas. Was kann ich für dich tun?"

„Hi, servus, ich hätte da ein besonderes Anliegen, also ... äh ... was sehr Spezielles. Und dafür ... äh ... hätte ich gerne einen ... tja ... Termin."

Der Tätowierer grinste mich an. Von oben bis unten zugestochen. Pechschwarze Muster, schon ausgebleichte blaue Motive, bis unter den Hals gezogene Bilder, Hände und Finger mit Ornamenten, Buchstaben, Segelschiffen und Gegenständen vollgepinselt. Der Mann hatte bestimmt schon auf Körperteile Namen und Lebensweisheiten gestochen, die im Intimbereich und tiefer liegen. Es gibt in diesem Kunstbereich nichts, was es nicht gibt. Telefonnummern auf Stirn, Haifischzähne auf der Peniseichel, komplett mit Tinte überzogene Menschen, ja selbst Augäpfel sind schon tätowiert worden. Deswegen legte ich dann doch sehr überzeugt meine Schablone vor. Die 10! So speziell kann das doch nicht sein.

Der Mann betrachtete immer noch grinsend das Blatt Papier, das vor ihm auf dem Tresen lag.

„Auf den Rücken", sagte ich. „Wie eine Rückennummer. Es ist Diego Maradonas 10" und knallte meinen Zeigefinger auf die Zahl.

Ich erwartete eine vielsagende Miene. Eine *Wow-was-für-eine-geile-Idee*-Mimik. Ein „*Logisch, Diego, absoluter Held*". Auf alle Fälle einen Terminvorschlag, um mir die Nummer auf den Rücken zu ballern. Denn: Ich war mir plötzlich so sicher, dass dies das coolste, vielsagendste, beneidenswerteste Tattoo der Welt sein würde. Ich hatte so was noch nie gesehen, und alle Tribal-TrägerInnen, alle Hirschgeweih-TrägerInnen, alle Tierkopf-TrägerInnen, alle Tätowierten, ob auf Oberarm, Bauch, Busen oder Penis, würden im Freibad mit lächelndem Gesicht auf meinen wohlgeformten, braungebrannten Rücken starren, von dem Maradonas Nummer strahlt, und sagen: „Saulocker!"

War ich im Vorfeld unsicher, neugierig und vage in meiner Entscheidung, in diesem Moment hätte ich mir am liebsten sofort das T-Shirt vom Leib gerissen und mich bäuchlings auf die Pritsche geworfen. *Los, stich das jetzt da hin!*

Alex beäugte weiterhin die Grafik. Klar, muss sich ja überlegen, wo anlegen, welche Farbe, wann ist ein Termin frei und wie viel kostet das Ganze. Er atmete lange ein, noch länger aus. Der Tiger auf seiner Brust, der aus dem weit aufgeknöpften Hemd ragte, riss die Zähne auf. Die personifizierte Wildheit vor mir, der Mann, der schon alles gesehen und überall hin gestochen hatte, ganz bestimmt Sterne um weibliche Mamillen, *your name* auf Dutzende von Ärschen, frivole Witzigkeiten auf Hodensäcke und dergleichen, sagte nun endlich etwas. Und zwar: „Nö!"

In dem Moment dachte ich mir noch, kann es sein, dass ich ein Fünkchen Zweifel in seinen Augen erkenne? Ich wiederholte:

„Weißt schon, so als Rücknummer. Hinten. Aufn Buckel. Als hätte ich Diegos Trikot an."

Er nickte, sagte aber: „Nö."

Ich nickte, sagte zudem, als hätte ich seine Antwort nicht wahrgenommen:

„Das wird cool, stell dir mal vor. So mit der 10 hintendrauf."

Er nickte nicht mehr, wiederholte aber: „Nö."

Jetzt begriff ich erst seine Verneinung. Zumindest nahm ich wahr, dass er negierte.

„Wie *nö*?"

„Das mach ich nicht." Er schob mir kopfschüttelnd das Blatt zurück. „Mach ich nicht."

Ich war baff.

„Wie *mach ich nicht*?" Stimmbruchartige Höhenlage.

„Ich mach das nicht."

„Warum denn nicht?", fragte ich ein wenig panisch, so als würde mir eine Lotterie-Kassenkraft die Auszahlung meines Millionen-Gewinns verweigern.

„Mal ehrlich. Das hast du dir null Komma null genau überlegt."

Wie ein trotziges Kind hielt ich dagegen: „Hundertprozent überlegt!" Und als ob es keinen blöderen Satz gäbe als den hier, schob ich nach: „Der Kunde is König!"

Ich hatte das Gefühl, gleich flennen zu müssen. Ich zupfte nervös mit der rechten Hand an meinem durch den Hosenstoff geschützten Geschlechtsteil, Übersprungshandlung nichts dagegen. Die Linke deutete mit Zeigefinger und Daumen abwechselnd zwischen der 10er-Grafik und meinem Rücken hin und her. Ich war nervös und entsetzt. Meine Stimme überschlug sich direkt.

„Hier! Diego! Hinten drauf! Los, mach schon! Wie *nö*? Wie *nö* ...?"

Alex blieb ruhig.

„Stell dir vor, ich stech dir das auf den Rücken … du siehst sehr sportlich aus, hast bestimmt einen recht muskulösen Rücken, da ist das schon mal nicht plan, nicht wie hier auf dem Blatt. Auch nicht wie auf einem Fußballtrikot. Sieht dann eher aus wie eine Zahl auf einem verbogenen Blech oder auf einer Flagge, die immer im Wind weht."

„Hey, was soll das denn? Mein Rücken ist doch kein verbogenes Blech. Und *Flaggen im Wind* ist doch eine Scheißserie! Das geht schon … hier."

Ich riss mir mein Shirt vom Leib, stand nun mit entblößtem Rücken vor ihm.

„Voll okay, schau halt, das geht schon."

Ich hatte Tränen in den Augen, wie Orry Main in *Fackeln im Sturm*, als er Madeline heiratete.

Der Tätowierer blieb absolut ruhig.

„Siehst du, das geht eben nicht. Also, es ginge schon, aber ich sage dir, das wird scheiße aussehen. Und das Schlimmste wäre …"

Er machte eine dramatische Pause. Ich dachte mir in dem Moment, das Schlimmste wäre, wenn ich dieses Tattoo nicht bekommen würde.

„… das Schlimmste ist, wenn du älter bist."

„Na und?", feuerte ich dagegen. „Ich werde Diego immer lieben."

Was für eine haltlose Frage eines Geschäftsmanns, der davon lebt, Ewigkeiten unter die Haut der Menschen zu stechen.

Ich legte hysterisch nach: „Was ist mit den ganzen Namen von Ehefrauen oder Ehemännern, die verewigt werden? Streichst du das dann einfach wieder durch, wenn sie geschieden sind? Was, wenn du einem Menschen *Vatti* aufn Oberarm stichst und der dann enterbt wird, was dann?"

Alex lächelte und ich wurde fast rasend. Irgendetwas lief mir aus der Nase. Was machte der sich so über meine Hinterfragungen lustig?

„So meine ich das nicht. Wenn du älter wirst, wird irgendwann deine Haut locker, labberig, sogar faltig oder gar runzlig. Dann wird irgendwann aus der 10 eine 38, die dir hinten laufend in den Hosenbund rutscht. Du musst vorn an deiner Brust die Haut bis zum Nabel runterziehen, damit man die 10 wieder lesen kann."

Bumm!!! Treffer.

Ich zog mein T-Shirt an, krallte mir meine Skizze und verließ den Laden. Vorher drehte ich mich noch einmal um: „Dann geh ich eben woanders hin."

Sein „Überleg´s dir, Mann. Überleg´s dir gut" ging im hämischen Gelächter des Glockengebimmels und Türschlagens unter.

Die 38, pffff!

Wer will schon die 38 sein? Später hatte Simon Rolfes im deutschen Nationaltrikot die 38. Nix gegen

Rolfes. Aber das reicht dann doch nicht für eine Huldigung, die unter die Haut geht. Simon Rolfes wurde in Ibbenbüren geboren. Aus dieser Stadt kommen auch unsere Musikerfreunde Donots. Eine Band, mit der wir seit frühesten Begegnungen und vielen Jahren Aberwitzigkeiten erleben. Die hätten eine schwarze Diego-10 auf meinem Rücken bestimmt wahnsinnig cool gefunden. *Saulocker* und *ewigst geil*. Vor allem Guido, tätowiert vom Keller bis unters Dach. Sie hätten auch Rolfes 38, die Nummer des Mannes aus ihrer Heimat, wunderbar amüsant gefunden. Aber wenn ich so nachdenke ... am besten fänden sie wohl den Accept-Songtitel „Balls to the wall" auf meinem Hodensack.

Vom Verlassen des Tattoo-Shops bis zum Öffnen meiner Haustür reifte die Erkenntnis: Alex hatte recht.
Dieses Tattoo war zwar eine wahnsinnig witzige Idee. Sähe allerdings wahnsinnig doof in der Umsetzung aus.
Ein blasses Bild tauchte vor meinem imaginären Auge auf. Ich, 85-jährig, am Echinger See, zwei Wäscheklammern halten vorn auf Hüfthöhe meine herabgezogene Haut am Badehosensaum. Hinten leuchtet eine abgeblasste, blaue 10 durch mein Rückenhaar. Ich stehe bis zu den Waden im Wasser und lasse meinen Blick über den von der Sonne blitzenden See wandern.

„Guck mal", sagt da ein Student neben mir zu seinen Kommilitonen. „Der hat die Trikotnummer von Arschlochinho auf seine Lederhaut gemalt."
Was ich sagen will – oder vielmehr fragen will: Wer weiß denn schon, ob sich in vierzig Jahren irgendwer an Diego Maradona erinnert. Ob die 10 noch Kult ist oder ob ein professionell fußballspielender Rassist, Sexist oder Serienmörder die 10 zu einer Nummer diskreditiert hat, die weltweit überhaupt nicht mehr vergeben wird. Vielleicht steht die 10 dann als Symbol für irgendeinen wahnsinnigen Krieg, für ein niederträchtiges Handeln Unterdrückten gegenüber, für irgendwelche Gebote oder Verbote, als Kürzel des Abschaums.

Die skizzierte Grafik der Diego-10 liegt heute noch zwischen gesammelten Zeichnungen in einer Mappe in meinem Keller. Wenn ich als 80-Jähriger merke, dass die 10 noch Magie und Ansehen versprüht, könnte ich diese wahnsinnig geniale Idee umsetzen. Aber dann gehe ich gleich zu einem anderen Tätowier-Shop.

Und überhaupt: So scheiße war *Fackeln im Sturm* eigentlich gar nicht. Hätte Orry Main schwarze Haare getragen, hätten seine Gesichtszüge sogar etwas vom jungen Diego gehabt.

# Meeting the second best

Ich saß einst als zufriedener Mensch auf meinem Sofa in der WG. Meine beiden Mitbewohner Ronnie und Michi schauten in einem ihrer Zimmer bestimmt einen Bud-Spencer-Streifen oder etwas mit Explosionen. Es war das Jahr 2005, Montagabend, Spätsommer, ein Uhr nachts. Ich verfolgte auf meinem Fernseher eine Zusammenfassung des Spieltags der 2. Bundesliga und klampfte auf der Gitarre ein paar Akkorde. Das war kein Akt der Langeweile, das war ein Akt von Teilhabe an einem besonderen, freien, bunten Leben: am Künstlerleben nämlich.

Es könnte sein, dass gerade die Endergebnisse des Spieltags zusammengefasst wurden, jedenfalls brachten mich die vielen Zahlen auf eine Idee, die wir Sportfreunde einige Jahre davor angekündigt hatten. Wir hatten schon 2002, bei der Vergabe der WM nach Deutschland (Danke Franz!) geprahlt, es gebe nur eine Musikband, welche die passende Hymne dafür abschmettern dürfte. Daran erinnerte ich mich in dieser Nacht und kam auf die recht einfache Idee, mal alle Jahreszahlen der bisher gewonnenen Weltmeistertitel der deutschen Nationalmannschaft aufzuzählen. Als Clou

der ganzen Zahlenreihe einfach noch die kommende Jahreszahl als Weissagung draufgepackt, war ich mir sicher: Mehr braucht eine Hymne nicht. Konzentriert aufs Wesentliche, von Frechheit ummantelt. Könnte für'n Lacher reichen.
Schnell waren ein paar Akkorde gefunden, zu denen der Text erstmal gut flutschte. Klar, ein wenig eckig war das Ganze ursprünglich schon, aber bei aller Stolpergefahr – wenn die Zahlen einmal saßen, war es wie ein unterbewusstes Gebet, wie ein Mantra des Erfolgs. Wie sich später herausstellte: Es war der Rosenkranz für deutsche Fußballfans. Zumindest während der nächsten beiden WM-Endrunden.

Vielleicht war aber auch Diego die treibende Kraft hinter der Zahlenidee. Er guckte mir bei meiner Komposition von einem eingerahmten Schwarz-Weiß-Foto, das hinter mir über dem Sofa an der Wand hing, über die Schulter. Die Szenerie stellte offenbar eine Situation nach einem Abendspiel in einem argentinischen Stadion dar. Diego war jung, kurzhaarig, hatte seine Fußballschuhe unterm Arm und es wirkte, als würde er dem Betrachter des Fotos etwas zurufen.
„Mach mal was mit Zahlen!", vielleicht.
So etwas in der Art.

Die Strophen textete ich ebenso flott. Auf DSF war die Fußballsendung vorbei. Entweder lief gerade

Eishockey oder eine Sendung, in der leichtbekleidete Personen rudimentäre Imperative aus dem Fernseher brüllten. Jedenfalls war binnen einer Stunde das Lied fertig. Zumindest fertig genug, um es bei der nächsten Probe Peter und Rüde vorzustellen. Entworfen zwischen Zweitligatoren, einem jugendlichen Diego-Blick und schlüpfrigem Werbefernsehen. Glanz, Protz, Prunk, Punk, Dreck – alles drin, um die deutsche Nationalmannschaft musikalisch auf den Thron zu hieven.

(Bin übrigens immer noch der Meinung, wenn DJ Asa sich für unser Lied als musikalischen Motivationsschub in der Kabine entschieden hätte, dann wäre der Weg zum einen nicht so steinig und schwer gewesen, zum anderen noch ein wichtiges Spielchen länger, geradewegs ins Ziel und Glück, gegangen. Okay, ist hypothetisch – und deswegen eventuell die Wahrheit.)

Den Bandkollegen Lieder vorzustellen, ist oft ein heikler, intimer Moment, in dem man sich offenbart. Wenn die Jungs schon bei der zweiten Strophe an den Schuhbändern fummeln oder vorgeben „schnell mal auf Klo" zu müssen, weiß man schon, der gefühlte Hit wird wohl nicht einmal eine B-Seite. Hier war es anders. Ich hielt meine Idee für so gewieft, dass ich mir der Reaktionen fast sicher war. Und so kam es:

Das Lied wurde im Proberaum gefeiert, am Text wurden ein paar Schrauben angezogen oder ausgetauscht und wir waren euphorisiert wie Buben, denen Gabi aus der 9B zum ersten Mal zugewunken hatte. Ein Lied, aus dem eine große Liebe werden könnte.

Wie es die Historie erzählt. Im Laufe der WM baute sich das Lied vom Lüftchen zum Orkan auf. Hintertür, Selbstläufer, Schneeballeffekt, Irrsinn – es wurde zu einem absoluten Volkslied und war im Sommer 2006 an jeder Ecke zu hören. Ob von den Punks an der Wittelsbacher Brücke oder vom Giesinger Kindergarten Rabaukenbande. Selbst hinten am Englischen Garten im Seniorenheim Rosies Rosenruhe trällerte es über den Rollatoren. Ein sanfter Soundtrack des Sommers, der aus Boxen in Biergärten, aus den Radiogeräten an der Isar, aus den freudigen Kehlen der freundlichen WM-Gastgeber, aus offenen Türen, Fenstern, Ecken und Ritzen drang. Von Flensburg bis Freilassing erhob sich das Stück und flatterte wie ein Schmetterling gen Sonne.
Es wuchs und wuchs und wuchs. Und wuchs uns über die Köpfe.
Interviews für Radiostationen, für kleine TV-Stationen, für Zeitungen drückten rein wie das Wasser in die sinkende Titanic. Plötzlich wollte jeder von uns alles wissen.

Journaille: „Wie wurde es zu *es*?"
Sportfreunde: „*Es* wurde in Unterhosen geboren und flippt jetzt völlig aus."

J: „Wie ist es mit *ihm*?"
S: „*Es* ist wahnsinnig. *Es* folgt uns nicht mehr. Wir folgen *ihm*. Reiten auf *ihm* wie auf einem Surfbrett in der Honolua Bay. *Es* ist riesig, macht brutal Spaß und schleudert uns Offshore durch die Tubes. Hang Loose ganz oben auf der Welle."

J: „Wird Deutschland mithilfe des Liedes Weltmeister?"
S: „*Es* könnte dafür sorgen. Mit *ihm* würde es klappen. Aber wir glauben, dass in der Kabine Naidoo läuft. Und dann werden die Beine steinig. Und schwer. Und keiner glaubt an sich."

J: „Warum wurde denn Grönemeyers ‚Zeit, dass sich was dreht' die offizielle Hymne und nicht ‚54, 74, 90, 2006'?"
S: „Ähhh ... wir lieben Herbert."

J: „Wer wird der Star der Weltmeisterschaft? Ronaldo? Zidane? Lampard? Oder ganz wer anderes?"
P von S: „Schweinsteiger."
R von S: „Birgit Prinz."
F von S: „Diego Maradona."

Johannes B. Kerner meldete sich. Wir sollten sofort kommen und vor dem Achtelfinalspiel gegen Schweden das Lied im TV-Studio spielen. Es war eine spontane Idee des ZDF, deswegen kurzfristig geplant, am Vorabend des Spieltags. War ein komplizierter Akt, denn ich hatte Karten für das Spiel in der Münchener Allianz Arena. Dort wollte ich hin und nicht in einem Fernsehstudio das Spiel Backstage auf einem viel zu kleinen Fernseher verfolgen. Erstmal erreichte mich die Anfrage nicht, denn ich hatte am Vorabend selbst ein Fußballspiel. Die Atomic Allstars, die Firmen- beziehungsweise Thekenmannschaft des Atomic Cafés, waren unser Team, in dem Peter und ich große Erfolge, unter anderem den Gewinn des AZ-Cups (2007 und 2009), feierten. An besagtem Abend tippte ich auf ein Pokal-Drittrundenspiel gegen Barfuß Jerusalem oder Juventus Urin oder so was. Als ich irgendwann abends nach dem Duschen das Handy checkte, waren darauf 27 entgangene Anrufe unseres Managers.

„Um Gottes Willen, irgendwas ist passiert", dachte ich mir logischerweise. Ich rief zurück.

„Mann, wo bist du denn?", fragte Marc angespannt.

„Hatte 'n Fußballspiel. Was ist denn nur los?"

„Wir fliegen morgen nach Berlin, zum Kerner in die *Sportschau*. Werden das Lied spielen."

Vollendete Tatsachen. Kein Konjunktiv. Keine Frage oder Bitte.

„Nix. Ich hab Karten für's Spiel. Ich geh ins Stadion."

„Na und? Millionenpublikum. Einschaltquote de luxe. Flug geht um sieben Uhr früh."

„Nix, ich geh ins Stadion", und legte auf. Mich nervte dieser Hype um das Lied plötzlich. Logisch, who doesn't want to be famous?

Aber den Bock auf eine Sache einschränken? Dafür Verzicht auf Geiles üben? Quasi Arbeit vor Vergnügen? Ich wollte morgen einfach mit meinen Kumpels im Stadion das Achtelfinale mit deutscher Beteiligung sehen. Gegen die Schweden. Erfolgswahrscheinlichkeit hoch. Danach auf der Leopoldstraße ein paar Midsommernachtsbierchen und Ringelreih. Mit blonden schwedischen Fans Majstång-Lieder singen und Polska tanzen. Als fairer Gewinner und guter Gastgeber. Die nächsten sieben Anrufe von Marc ignorierte ich. Ich bin doch kein Tanzbär, der auf Zuruf alles stehen und liegen lässt und den Samba-Erwin macht. Etwas später wieder *RingRingRing*. Eine unbekannte Nummer. Ging ich nicht hin. Mach ich immer noch so. Kenne ich eine Nummer nicht, geh ich nicht hin. Könnten Telefonstreiche, Werbeanrufe, kriminelle Täuschungsversuche oder das Pfarramt sein.

Irgendwas war dann aufm Anrufbeantworter. Okay, etwas neugierig war ich doch. Abgehört. Der Plattenfirmenoberboss aus Berlin.

Der Boss: „Flo, hör mal. Riesenchance. Riesending. Ihr kommt morgen früh hierher, seid locker auf Sendung. Millionen Menschen, die das sehen und feiern werden. Kerner am Mikro. Kloppo und Pelé die Gäste. Rüde, Peter und Marc haben alle Bock. Denk an die Band. Sei kein Spielverderber. Sei kein Kollegenschwein."

Pfff, den Boss vorschieben. Und dann noch mit der Moralkeule drohen. Wo sind wir denn? Ich wollte gerade die Sprachnachricht löschen, in dem Moment kam ein Anruf rein und offenbar hob ich aus Versehen ab.

„Flo! Flo!", tönte es aus dem kleinen Nokia.

„Hallo?"

„Flo, ja endlich. Tom hier. Pass auf, hast du abgehört?"

Ich zögerte. Der Plattenfirmenboss persönlich. Schon wieder.

„Ähh …. ja."

„Okay, machen wir so, oder?"

„Ähh … nö. Hab Karten fürs Spiel morgen hier in München. Ich will ins Stadion, Mann. Muss doch jeder verstehen. Ist doch etwas Einzigartiges."

Der Boss ganz locker: „Pass auf, ihr macht das bei Baptist morgen. Wird super. Gibt auch lecker Drinks da. Und schickes Fingerfood. Und wenn die Deutschen gewinnen, besorge ich euch Karten fürs Viertelfinale in Berlin. Danach big Essen mit allem Drum und Dran. Vielleicht auch kurz Diego treffen."

Was?!!!! Puls von 400.
„Was?!!! Maradona??!!!!!"
„Neeeiiin! Diego Forlan. Den Portugiesen. Ist, glaub ich, ein Kumpel von Nelly Furtado. Die ist gerade hier für Showcases. Und WM schauen."
„Diego Forlan ist aus Uruguay."
„Ach", Tom überlegte kurz, „DECO. Deco wars."
„Ach so ..." Ich dachte schon, ich könnte GOTT treffen.
Tom wieder: „Und? Alle haben Bock. Du auch?"
So ein Mist! So ein Mist! So ein verdammter Mist!
„Ähh ... für's Viertelfinale sagst du?"
„Logo."
Verdammt. Verdammt.
„Ähh ..."
Tom passte mein Zögern nicht, offenbar witterte er tatsächlich Gefahr, dass ich nicht weich werden würde. Er legt noch einen nuschelnd drauf: „Halbfinale auch."
Oh Gott.
„Ähh ...."
Alles ging mir durch den Kopf. Morgen mit den Kumpels Arm in Arm und feiernd durch das besiegte, gelb-blaue Schwedenmeer schwimmend. Danach die Schwabinger Kneipen fluten. Bei dem ganzen aktuellen Heckmeck einfach treiben lassen. Allerdings: Wie großartig das wäre, Tickets für Viertel- und Halbfinale und dann eventuell fürs Finale zu bekommen. Für einmal Playback

das Lied spielen. Falls ich aber nicht zusage, alle sauer. Plattenfirma, Manager, Band – meine Freunde. Wie arrogant ist das eigentlich, aufgrund von Fußballtickets die Erfolgspläne einer jungen Band und deren Plattenfirma zu torpedieren? So bin ich doch nicht. Vor allem bin ich doch nicht so zu meiner eigenen Band.
„Flo?"
„Ähh ... okay! Ich komme."
„Hab ich doch gewusst, du bist doch nicht doof. Wir sehen uns morgen. Wird super!"

Und das wurde es.

Vorerst war es aber so: Ich gab mein Ticket ab.
(Mein Kumpel Hans, der glückliche Nutznießer, hatte schallend gelacht. In diesem heiseren Geräusch lagen Vor- und Schadenfreude und beides trieb mich fast zur Weißglut. Um ein Haar hätte ich beim Boss in Berlin angerufen und Blinddarmentzündung samt ansteckender Hautkrankheit vorgetäuscht.)
Der Wecker klingelte am nächsten Tag sehr früh. Aus zeitlichen Engpässen konnte ich nicht Zug fahren, wir flogen, was zu dieser Zeit aufgrund meiner ausgeprägten Flugangst wirklich schlimm für mich war.
Fast wäre ich wegen meiner motzig-trotzigen Visage nicht durch den Sicherheitscheck gekommen,

was mir gepasst hätte. Ich tat noch so, als hätte ich in meinem Hosenbund eine Waffe, und gab vor, mein Kaugummi im Mund sei aus TNT. Nix half. Meine Flugangst (warum heißt es eigentlich Flug- und nicht Absturzangst?) ließ mich bei Start, Luftdurchquerung und Landung verstummen. Zum x-ten Mal war ich mir sicher, dass wir abstürzen werden, was ich doof gefunden hätte, denn dies hätte mich auch nicht in die Allianz Arena gebracht. Ich denke bei der vierten Turbulenz ergab ich mich meinem Schicksal und wollte dann doch sehr gerne an der Sendung teilnehmen. Als wir sicher gelandet waren, ich meine Krallen aus Rüdes und Peters Oberschenkel gezogen hatte, wo sie gerne landeten, wenn es im Flieger ruckelte, baute sich in mir ein Urvertrauen auf, dass es ein guter Tag werden würde. Und dass wir zum Viertelfinale wieder nach Berlin reisen würden – im Zug versteht sich.

Im Berliner Sendestudio am Potsdamer Platz wurden wir empfangen wie die Heilsbringer des deutschen Fußballs. Wie die Erfinder des neuen, tollen, gastfreundlichen, bunten Lebensgefühls, das Deutschland seit Beginn der Weltmeisterschaft durchströmte. Die Sommermärchenmusikanten. Schulterklopfer von allen Seiten. Servus mit ZDF-Sportchef Gruschwitz. Kumpelhafte Umarmung mit Johannes B. Kerner. Hohe fünf mit Jürgen Klopp. Alles fresh, alles locker. Inniger Hug mit der Plattenfirmenbelegschaft.

Boss: „Mensch, Freundchen, hast dich ganz schön bitten lassen."

Flo: „Mensch, Tom, schon Karten fürs Viertelfinale bestellt?"

Zweiter Boss: „Flo, alter Querkopf, gut, dass du doch mitmachst."

Flo: „Wie Querkopf? War doch logisch. Ich lass doch meine Band nicht im Stich."

(Diego, der du bist in Kuba, vergib mir die Tatsache, dass ich eigentlich nicht kommen wollte. Bitte für mich Sünder ...)

Jetzt aber: Hurra! Hurra! Die Buben, die sind da. Die Buben mit dem Lied mit den Zahlen. Jugend forsch. Die musikalischen Lahm, Podolski und Schweinsteiger.

Für den Soundcheck mussten wir durchs Publikum.

Hier: *Guten Tag, wie geht's heut?*

Da: *Mal kurz lächeln bitte ... Klick.*

Dort: *Könnt ihr hier unterschreiben? Für meine Jaqueline. Danke. Wie heißt ihr gleich wieder? Echt? Ihr seid die Toten Hosen?*

Der Soundcheck verlief schnell, das Lied lief Halb-Playback, wir mussten nur singen und ein wenig abperformen, war lustig, alle am Grinsen. Jetzt warten. Das Achtelfinale startete um 17 Uhr, wir sollten etwa um 16 Uhr auftreten.

Davor in der Sendung Rückblicke, Ausblicke, Tiefblicke der Experten. Wir sammelten uns in unserem sterilen Backstage-Räumchen, hatten eigentlich noch Zeit für einen Ausbruch. Plötzlich klopfte es. In jugendlichem Leichtsinn erschallten „Ja bitte?", „Was is?" und „Keiner da!" gleichzeitig. Eine Dame im ZDF-Kostüm betrat den Raum und verkündete, dass uns jemand Hallo sagen wollte. Hinter ihr trat ein kleinerer Herr in saucoolem, hellblauem Freizeitanzug, wie man ihn aus den 70er-Jahren kennt, in den Raum.
Es war Pelé.
Pelé himself.
DER Pelé.
Nicht nur er strahlte über beide Ohren. Das ganze Zimmer, ja das ganze Gebäude erhellte sich. Schwer zu beschreiben und natürlich brutal klischeehaft so davon zu berichten, aber uns stockte der Atem. Pelé allerdings kam mit ausgestreckter Hand auf uns zu, immer noch lächelnd, als würde er auf lange verschollene Freunde treffen.
Pelé: „Ohhhhhhhhhh, you are the band!"
Rüde: „Äh ... Band ... äh ... Yes ... Si claro."
Flo: „Äh ... Sprtfraund Stellra ... äh ... sorry."
Pelé: „Hi my friends. I saw you doing soundcheck. It was great. I'm Pelé, who are you?"
Er gab jedem die Hand und wiederholte seinen Namen, nachdem wir uns einzeln vorgestellt

hatten. Ich hatte das Gefühl, dass wir alle in den Stimmbruch zurückgefallen waren. Ja bitte, was denn sonst als *Mimimi*, wenn der dreimalige Weltmeister, vielfache Torschützenkönig, 27-fache nationale und internationale Titelgewinner und Torschütze von nachgewiesenen 1303 Toren vor einem steht. Kennen Sie Beaker von der *Muppet Show*? *Mimimi* ... so etwa.
Nur Peter fing sich schnell.
Peter: „Hi, Mr. Edson Arantes do Nascimento. I´m Peter Stefan Brugger."
(Der alte Autogrammkartenjäger wusste natürlich Pelés bürgerlichen Namen.)
Pelé hatte einen kompakten Händedruck, wirkte so frisch und agil, als würde er sofort Räuber und Gendarm mit uns spielen wollen. Als hätten wir mit ihm jetzt die Bank gegenüber auszurauben. Als würde jederzeit ein Schiedsrichter zum Anstoß pfeifen. Es war surreal.
DER Pelé in unserem Backstage-Raum. Einer der berühmtesten Menschen der Welt. Kult!
Pelé wurde im gleichen Jahr wie mein Vater geboren, war damals 66 Jahre alt, sah aber nur ein wenig jünger aus als wir. Mein Vater wirkte ebenso stets jung, war ein toller Handballer und Turner, riss im Alter von Anfang 50 im Barren noch einen Salto herunter und ich dachte mir in diesem Moment, Pelé und mein Papa könnten Brüder sein. Die Hautfarbe einmal außer Acht lassend. Auch

war Pelé kleiner, aber seine Aura: Woooohhooooooooooow! Fast wie die meines Vaters, wenn ich ihm meine Mathematiknoten beichtete.

Pelé war so freundlich und sehr wissbegierig. Er wollte erfahren, was unser Lied bedeutete. Wo wir schon überall gespielt hätten. Ob das unser Beruf ist und ob wir denken, dass Deutschland Weltmeister wird. Er meinte noch, wenn Zidane Brasilien nicht stoppt, dann hätte er nur noch vor Deutschland Angst. Er half uns, unsere Digitalkamera wieder zum Laufen zu bringen, die irgendeine Macke hatte. Bitte, das muss man sich mal vorstellen: Pelé reparierte unsere Digicam, um dann mit uns um die Wette strahlend ein Foto zu schießen. Eine seiner Begleitungen machte ein Bild mit seiner eigenen Kamera. Irre, nicht nur wir wollten ein Bild mit ihm – sondern auch er eins mit uns. Er unterschrieb mit Edding auf unseren Turnschuhen. Wir allerdings nicht auf seinen Lederslippern. Nach fünf tollen gemeinsamen Minuten eröffnete er uns, er sei auch Musiker.

Pelé: „Here my friends, this is my DVD with a lot of songs from me."

Er drückte tatsächlich jedem eine DVD in die Hand. *Ginga Pelé.*

„Please listen and enjoy, my friends. I wanna hear from professionals how they like my music."

*Mimimi ...*

Da stand eine der größten Fußballikonen, einer der besten, großartigsten Profis in seinem Metier, und bezeichnete uns als *professionals*, wenngleich in einem anderen Metier. Aber bitte, was ich meine: Er Profi, wir Profis. Und das aus seinem Mund, der mindestens schon 1303 mal *Goal!* gerufen hat.
Und ich Idiot wollte erst gar nicht hierher.
Die Verabschiedung kein Händedruck.
Umarmung, my friends.

Unser Auftritt war tatsächlich wenige Minuten vor dem Anpfiff. Kloppo und Schiedsrichterexperte Urs Maier neben Johannes an der Theke. Die Stimmung gut. Alle mit uns und den Zahlen.
Kerner kurz davor noch: „Aber passen Sie auf, liebe Zuschauer, dass Sie nicht über ihre eigene Zunge stolpern." Oder so was. Trotzdem alle am Schunkeln und im Einklang ... *werden wir Weltmeister sein!*
Kurze Bandvorstellung nach unserem Lied, kurze Wortmeldungen von Peter.
(Bestimmt „Hehehe ... jaja ... du auch Roque. Roque Santa Cruz ist aber mit Paraguay schon ausgeschieden" und „Deutschland natürlich" oder dergleichen), kurze Verabschiedung.
Das Klatschen nach unserem Auftritt zog sich über den Anpfiff bis zu beiden Podolski-Toren in den ersten Minuten, die wir schon längst in einem Aufenthaltsraum (etwas galanter als unser Backstage-Raum) auf einem großen Flachbildschirm mit uns

unbekannten VIP-Gästen verfolgten und begossen. Dunkel erinnere ich mich an Highlights wie besagte Tore, rote Karte für den Schweden Lučić, einen verschossenen Elfmeter von Larsson und sieben viel zu schnell getrunkene Pils, die in einem riesigen Eiskübel wie aus Wunderhand nicht weniger wurden. Nach Abpfiff, wir stopften uns gerade Gambas im Teigmantel rein, helle Aufregung. Los, los, nochmal runter. Nochmal spielen.

„Wie bittäh? Waar s' doch nie nicht geplant."
Verdammt, wir hatten einen sitzen und sollten spontan entschieden nochmal ran. Kein Problem. Die Euphoriewelle trägt auch die Besoffenen. Und rauschig waren wir alle – auch die Experten und Studiogäste: Entweder vom Bier oder vom Sieg und der Aussicht auf mehr Spiele von Schnix (Bernd Schneider – der weiße Brasilianer. Vorbild: Maradona.) und Co.

Wir stolperten und polterten ins Fernsehstudio, brüllten die Zuschauer an („Jaaaa, Mann, Schlaaaand!"), klatschten mit Urs und Kloppo um die Wette und Kerner erklärte grinsend, warum die Boys jetzt nochmal „die neue Nationalhymne singen". Ist ja auch zu passend und schön. Wir werden Weltmeister, da gab es keine zwei Meinungen. Alle Anwesenden hätten in diesem Moment mindestens einen Hunni auf die deutsche Nationalmannschaft gewettet.

Wir ballerten das Lied zum zweiten Mal, vielleicht hörte man uns die schweren Zungen an, aber wir waren freudig gestimmt und wagten schräge Moves auf der Bühne. Die Zuschauer diesmal im Stehen, so erinnere ich das, und in voller Lautstärke. TV-Studio-Knigge längst über Bord geworfen.

Es gibt ein wildes Foto, das Daniel von der Plattenfirma schoss. Denn sofort nach unserem Auftritt schmiss ich die Stöcke hinter mich und rannte auf die Moderatorentheke zu, auf der ein goldener Fake-Weltpokal zwischen den Experten stand. Peter hatte wohl die gleiche Idee. Im Gleichgriff schnappten wir uns die Trophäe, massives Gewicht, und rutschten auf die Knie in Siegerpose Richtung Publikum, Pokal emporgestreckt, direkt vor die gezückte Kameralinse von Daniel, der in der ersten Reihe saß. Den Jubelschrei unserer aufgerissenen Münder kann man heute noch durch das Foto hören.

Johannes B. Kerner über seine Sorgenfalten hinweg lachend: „Nana, Jungs, den Pokal lasst ihr mal schön hier."

Peter: „Nix! Der geht mit!"

Ich war kurz davor, mir im Zweiten Deutschen Fernsehen das „Trikot" vom Leib zu reißen, während Rüde im Hintergrund lachend und lallend die Leute nach Bier fragte. Was für eine Sause! Weltmeisterlich!

Nur Pelé konnte ich nirgends entdecken. The Ikone had left the building. War wohl besser so.
Ich hätte ihm wohl einen Kuss auf die Wange gedrückt und ihm mit Tränen in den Augen erklärt: „You are my friend. Let's do a band together. I love you. But Diego I love a bit more."

Tom hielt Wort. Das Viertelfinale folgte ein paar Tage später. Wir hatten im Berliner Olympiastadion äußerst gute Plätze. 120 Minuten Hochspannung. Tor hüben wie drüben, dann Elfmeterschießen.
Lehmann las auf einem Fetzen Papier, den er in seinem rechten Stutzen verstaut hatte, wie die Argentinier Elfmeter schießen, und gewann für Deutschland das Spiel. Unser Lied, also *es*, schoss aus den Stadionboxen, 40.000 Glückliche sangen mit und wir lagen uns schniefend in den Armen. Während wir taumelnd den Sieg gegen Diegos Erben feierten, Gott selbst gegenüber auf der Ehrentribüne saß, prangte unten auf meinem Turnschuh Pelés Autogramm.
Fast ein Hauch von Verrat.

# Die ewigen Vergleiche

Wie das Sommermärchen endete, wissen wir noch alle.
4. Juli 2006, Halbfinale in Dortmund:
Deutschland gegen Italien. 118 Minuten gespielt, nix Großes passiert. Dreimal rettete Buffon für Italien, zweimal rettete Aluminium für Deutschland. Nix Hand Gottes oder ein ähnlich genialer Einfall (Entschuldigung bitte). Nix 70-Meter-Solo vom weißen Brasilianer Schneider.
Das Elfmeterschießen schon vor Augen, das ja bekanntlich IMMER an die Deutschen ging. Lehmann bestimmt wieder mit weissagendem Zettel im Stutzen.
Plötzlich Grosso 119. und Pirlo 120. Minute. Eine Links-Rechts-Kombination. Bam! Bam! Mitten in die deutsche Gute-Laune-Fresse. Aus.
Ich war damals nicht im Stadion, wollte tatsächlich mit meinen Kumpels in Gerris Garten grillen und das Spiel schauen. Ich saß auf einer Steintreppe, und sah nach Grossos Treffer einiges zusammenbrechen. Den Fame. Die Auftritte bei allen TV-Jahresrückblicken. Das 24-Gang Fully-Mountainbike. Den Skiurlaub in St. Moritz. Das Haus am Meer.
Als Grosso traf, verschluckte ich vier Tränen. Griff

zu meinem Nokia-Handy und rief Manager Marc an:

„Raus damit, sofort!"

Wir veröffentlichten fünf Minuten nach dem Abpfiff die 2010er-Version unseres Liedes (also: '54, '74, '90, 2010), das wir in weiser Voraussicht im Frühjahr für den Fall des Nichterwerbs des Weltmeistertitels dementsprechend umgedichtet aufgenommen hatten. Ein wenig an den Zeilen der zweiten Strophe geschraubt, Kap der guten Hoffnung und so, und die letzte Zahl um vier Einheiten weitergedreht, perfekt!

Das Lied gab es dann für 24 Stunden als Gratis-Download auf unserer Homepage. Wurde über eine Million Mal gezogen.

Jetzt komme nochmal einer mit „Sportfreunde Kommerzschweine"!

Wir durften noch diesen legendären Auftritt vor dem Brandenburger Tor miterleben. Inmitten der Nationalmannschaft eine Art Dankes-Sause, vor 800.000 Menschen. Wieder Halbplayback. Mein Schlagzeug stand noch gar nicht, da lief der Song schon, vom Band abgespielt, los. Peter wurde von Odonkor und Poldi in die Zange genommen. Ziemlich textsicher die beiden. Basti Schweinsteiger klopfte mit herumliegenden Drumsticks auf meinem Becken den Takt. Rhythmussuchend rief er immer: „Wie geht das denn?"

Mein „Hau ab, du Bayernschwein!" ging im Getöse unter. Ich will hier aber augenblicklich anmerken, dass dies erstens äußerst freundschaftlich gemeint war (wir kannten uns von einigen MTV-Sendungen und privaten Treffen), und zweitens musste ich für die Nachwelt irgendetwas vorweisen, was mich damals als Löwenanhänger von einer öffentlichen Zuneigung zu einem Bayernspieler abgrenzte. Ich konnte ja kaum als 1860-Fan mit einem Bayern-Spieler einen auf „I hope we have a little bit lucky" machen.

(Zudem ist Bastian Schweinsteiger der letzte große Stratege auf dem Feld gewesen. Mit ihm hätten wir aktuell nicht diesen ganzen Nationalmannschafts-Hickhack. Talente ohne Ende und keiner, der ihnen auf dem Platz erklärt, wo sie hinsollen. Ist echt ärgerlich.)

Robert Huth unterschrieb mit Edding auf Peters Gitarre, was ich umgehend zerstörte, weil ich mir darauf gleich hinter der Bühne die Gitarre zum Blödeln umhängte. Alles verwischt, unabsichtlich, tausendmal sorry, Peter.

Pippo Lahm wollte wissen, wann er mir mal wieder beim Schafkopfen (bayrisches Kartenspiel) die Scheine aus der Tasche ziehen dürfe. (Passierte schon einige Male. Mein Mitbewohner Ronnie war Lahms Co-Trainer in Jugendzeiten, und so saßen öfter Andi Ottl und Phillip Lahm bei uns in der WG am Küchentisch. Wenn der vierte Mann fehlte, war ich gerade recht zum Kartenhalten und Geld-Spendieren, was mich so ehrte wie ärgerte.)

An dem Nachmittag in Berlin dankte uns Klinsmann persönlich, zusammen mit dem späteren Bundes-Jogi und Torwarttrainer Andi Köpke, für die tolle Unterstützung. Wir fragten Gerald Asamoah, den DFB-Kabinen-DJ, warum Naidoo und nicht Sportfreunde, weil damit wäre der Sieg sicher gewesen. Er antwortete grinsend: „Besserer Sound, Mann! Aber ihr seid auch lustig."

Hahaha. Erster statt Dritter wäre aber noch lustiger gewesen.

Mit der Plattenfirmenbelegschaft ging es abends zu einem gefühlt 75-Sterne-Restaurant.

Das Restaurant hieß, glaube ich: *tốt dã man*

Was so viel bedeutete wie ... nein, nicht *Toter Mann*. Sondern: *Brutal gut*.

Nelly Furtado war tatsächlich dabei. Allerdings kein Diego. Und kein Deco. Aber Fredi Bobić. Ehemals Teil des magischen Dreiecks Bobić-Balakov-Elber beim VFB Stuttgart. Folglich ein Drittel magisch. Wir kamen kurz ins Gespräch. Er freute sich über die Stimmung im Land, zu der wir beigetragen hätten. Ich bedankte mich und erklärte, dass wir als Fußballfanatiker dank des Liedes wirklich viel erleben durften. Was denn der irrste Moment gewesen war, wollte er wissen.

„Ich denke tatsächlich, als Pelé unsere Kamera

reparierte. Das war schräg, bei allem Wahnsinn, den wir erleben durften."

Er lachte ungläubig. Dann sagte er fast schon verträumt: „Ich habe am gleichen Tag Geburtstag wie Maradona. Seltsam, oder? Immer wenn ich Pelé höre, muss ich an Diego denken."

Find ich nicht seltsam. Ist das nicht eine Spur normal? Wenn man von den Besten hört, dass ein unterbewusster Vergleich gezogen wird?
Pelé, Beckenbauer, Cruyff, Maradona, Zidane, Ronaldinho, der echte Ronaldo, Cristiano Ronaldo, Messi ...
(Einige rufen jetzt aufgebracht *Wo ist Schnellinger? Puskás? Müller? Garrincha? Altobelli? Platini? Iniesta? Xavi? Mbappé? Modrić? Was ist mit Eusébio? Baggio? Zico? Best? Matthäus? Raúl? Jaschin? Banks? Neuer? Warum nicht Seeler? Weah? Lewandowski? Ibrahimović? Robben? Kroos? Und bitte, was ist mit Dani Alves, Rekordhalter mit 42 Titeln?*)

Ich betonte eingangs forsch und reißerisch: Wer meint, es hätte Bessere als ihn gegeben, lügt.

Ist natürlich Quatsch. Oder?

Oder?

Ich behaupte: Maradona war der Beste. Das liegt natürlich im subjektiven Auge oder Herzen des Betrachters. Manche sagen ja, Fortuna Düsseldorf sei besser als FC Bayern München, Kroatien sei besser als Italien oder die Toten Hosen seien besser als Sportfreunde Stiller. Gerade beim sportlichen Vergleich spreche ich von der Elite, dort entscheiden Nuancen. Beim musikalischen Vergleich spreche ich aus Erfahrung, dort entscheiden Verkaufszahlen.
Also ... Oder?

Oder?

Ist es so, dass man Äpfel mit Birnen genauso wenig vergleichen kann wie Tiefschneeabfahrten mit einem Schnorchelurlaub? Torhüter mit Stürmern? Spielmacher mit Abräumern? Wie Punk mit Poprock?

Wer sein letztes Hemd gibt, kann für jemanden der Beste sein.
Wer zaubert, wer dirigiert, wer Ungesehenes fabriziert, kann für jemanden der Beste sein.
Wer immer gewinnt, muss nicht der Beste sein.
Ist es aber vielleicht für jemanden.
Es gibt Verlierer, die für jemanden die Besten sind.
So bespielt jeder Fußballer seine Epoche auf seine Weise und begeistert. Oder nicht.

Haut den Fan aus den Socken. Oder nicht.
Macht sich unsterblich. Gottgleich. Oder nicht.
Mein Vater sagt wahrscheinlich: Pelé war der Beste. Oder Franz.
Ich sage: Maradona ist der Beste. Auf alle Zeit.
Meine Töchter fragen: Wer sind die drei?

Cristiano Ronaldo ist oder war eine Tormaschine. Ein Modellathlet, Poser und Angeber. Ein selbstverliebter Idiot, wenn Sie mich fragen. Der größte Gockel auf dem Feld. Bar jeglicher Demut. Springt nach dem Tor in die Höhe und deutet auf SEINEN Rasen, völlig ignorant gegenüber dem Fakt, dass ihm die Tore einer auflegt und hinten ein Torwart die Bälle der Gegner hält.

Messi ist ein Feingeist, ein Dompteur des Leders, ein verantwortungsbewusster Hasardeur. (Ein Oxymoron, weil seine kontrollierte Wildheit und draufgängerische Ballsicherheit keinen anderen Schluss zulassen.) Aber er hat Steuern hinterzogen. Verdient Millionen, vielleicht Milliarden und sieht den Sinn einer Teilabgabe seines Reichtums als sozialen Ausgleich nicht. Rudimentär formuliert.

Franz Beckenbauer spielte in kaiserlicher Überlegenheit, strategisch unerreicht. Verheddert sich aber in seiner weiblichen Bürokraft und im Sommermärchen.

Pelé war ein Engel, auf dem Feld und als Mensch. Sein Sohn allerdings musste für Geldwäsche und

Drogengeschichten für 13 Jahre ins Gefängnis.
Beppo Hofeditz, der Löwenstürmer, hat Karl-Heinz Rummenigge im Derby 1977 als „Rote Bayernsau" betitelt. Macht man nicht. Daraufhin hat Rummenigge ihm eine „Watschn runterg'haut", also eine Ohrfeige verpasst. Macht man auch nicht. Viel später hat Kalle aber auch noch Rolex-Uhren aus Katar nach Deutschland eingeschleust, direttissima am Zoll vorbei. Das macht man nun wirklich nicht.
Alle Makel färben ab, hinterlassen Abdrücke und Eindrücke. Ich habe über Cristiano Ronaldo eine Meinung, wie oben beschrieben. Und diese wäre eine andere, würde er sich nicht aufführen wie Jackson Hinterseer im Kasperltheater. Sie wissen, was ich meine. Diego Maradona hingegen … er ist ein Magier und hat sich auch nie etwas zuschulden kommen lassen.

Oder?

Oder?

Das bisschen Steuerschuld.
Das bisschen Koks.
Das bisschen Rumhuren.
Das bisschen Mafiosi-Sein.
Das bisschen mit dem Luftgewehr auf Journalisten schießen.

Das bisschen Pöbeln.
Das bisschen Peinlich-Sein.

Aber als Spieler? Messi, Gullit und alle Ronaldos in einer Person vereint. Oder?

Im Grunde ist es egal. Es geht um Kunst. Um fußerzeugte. Welcher Maßstab soll da zählen, wenn nicht das Gefühl, die unerklärbare Begeisterung. Die Springflut im Herzen beim Betrachten des Tuns eines Künstlers.
Ich bin mir sehr sicher, Vinnie Jones, damaliger Kosename die Axt, war bestimmt der Lieblingsspieler von irgendjemanden. Von jemanden, der die harte Kunst liebt. Den Heavy Metal-Soccer. Vinnie schrie im Spielertunnel zum Aufputschen gerne „Okay boys, let's kill them!", trat nach allem, was sich bewegte, zur Not auch den eigenen Mann, bekam nach drei Sekunden die schnellste gelbe Karte, zwickte Gegner beim Eckball unter den Achseln und grätschte, wenn es sein musste, hüfthoch. Nach Vinnies Dafürhalten musste es öfter sein. Deswegen aber auch für einige: Lieblingsspieler.
Júnior, der brasilianische Mittelfeldmotor der 80er-Jahre, war bestimmt der Lieblingsspieler von vielleicht Handballern oder Turnern. Er konnte beim Einwurf den Ball per Handstandüberschlag katapultartig weit in den 16-Meter-Raum

schleudern. Zudem war er nach seiner Karriere mehrmaliger Beach-Soccer-Weltmeister und Sänger.

Jude Bellingham ist der Lieblingsspieler einer meiner Töchter. Sie weiß nicht, dass der Junge sich für seinen Verein zerreißt, sich die Lunge aus dem Leib rennt, dabei noch ein ziemlich filigranes Spiel zeigt und nun bei Real Madrid Zinédine Zidanes Nummer erbt (nämlich die 5). Sie hatte Mitleid mit ihm, als Dortmund letztes Jahr (2023) am letzten Spieltag die Meisterschaft vergeigte. „Wenn er weint, ist er noch hübscher", so ihr Urteil. Auch ein Attribut, das auf so eine Entscheidung Einfluss nimmt.

Vielleicht war für irgendjemand Karl Allgöwer, der ob seines bombenharten Schusses *Knallgöwer* genannt wurde, der Beste. Oder Walter Frosch. Für irgendjemanden.

Aber für alle?

Es wäre Anmaßung, erklären zu wollen, wer für alle Menschen der Beste aller Zeiten war.
Aber gut, dann bin ich eben anmaßend.

Der Beste war Diego Maradona.

# Nachtrag

Aufmerksame Leser erinnern sich an den Anfang.

Wer behauptet, ich habe ihn nie getroffen, lügt.

Wieder so etwas Steiles. So etwas Gewagtes. Dies zu behaupten, gleicht fast schon einem Cristiano-Ronaldo-Torjubel. Mund ziemlich voll, könnte man anbringen. Lass hören:
Ich habe Diego nicht getroffen, als er so nah war. Als er auf dem Trainingsgelände des TSV 1860 als Nationaltrainer gastierte. Ich traf Diego nicht in Berlin 2006, beim Viertelfinale, als seine Albiceleste von Lehmann ausgeguckt wurde. Er drückte als heißer Fan seiner Nationalmannschaft in der VIP-Loge die Daumen und musste als Verlierer zusehen, wie 40.000 glückselige Deutsche unser Lied sangen.
Ich traf ihn nicht 1989, als er mit Napoli gegen Bayern, gegen Stuttgart, gegen Bremen spielte.
Ich traf ihn bei keinem Benefizspiel. Bei keiner Verabschiedungszeremonie eines Altstars. Bei keiner Verleihung. Bei keinem Konzert. Nicht im Urlaub, ganz zufällig. Ich traf ihn nirgends auf dieser Erde persönlich.
Diegos Fußballspiel war ein Traum. Und genau dort traf ich ihn. Mehrmals.

Es waren wunderbare Träume. Wunderbare Begegnungen. Diego und ich Doppelpass spielend. In leeren Stadien Elfmeter schießend. Gemeinsam Tricks ausprobierend. Einmal meinte er: „Den Haken-Dreh-Volley-Trick kannst du fast besser als ich."
Ich fiel fast aus dem Bett.
Einmal meinte er zu mir: „Wie schreibt man einen Song? Einen Fußballsong?"
Er fragte: „Wie zeichnet man eine 10?"
Er wollte wissen, ob Schrobenhausener Spargel zu argentinischem Rinderfilet schmecke und welches das schönste meiner erzielten Tore war.
Dann kickten wir wieder gemeinsam.
Wir gewannen Spiele. Wir verloren Zeit.
Dies waren schöne Träume.
Es gab auch Albträume mit ihm.
Da verwahrloste er. Nahm Drogen. Hatte dermaßen Übergewicht, dass er eine Magenverkleinerung benötigte. In den schlechten Träumen troff er vor Schweiß, umarmte Fidel Castro, beleidigte Pelé, Beckenbauer und Burruchaga, seinen Teamkollegen und Torschützen des 3:2 im Finale 1986, das Diego erst unsterblich machte.
Da erzählte er mir von der Last, ein Idol zu sein.
Von tonnenschwerer Erwartungshaltung, die ihn, trotz federleichter Spielweise, zu zermalmen drohte.
Von Menschen, die diabolisch behaupteten, seine besten Freunde zu sein, während er seine besten Freunde zum Teufel schickte.

Von der Leichtigkeit, mit der alles zu haben ist. Alles, was man möchte. Vom Niedergang der eigenen Moral, der Entfernung vom eigenen Selbst. Eben weil man alles haben kann.

Er erzählte von Sucht nach Toren und Titeln. Von Sucht nach Geld und Geltungsdrang. Von Sucht nach Koks und Konkubinen. Von Sucht nach Familie und Fußball.

Und alles geht zugleich.

Und nichts geht zugleich.

Und nichts geht mehr.

Am 25. November 2020 ist der Beste gestorben.

In Ewigkeit, Diego.

Wir trafen uns danach nur noch einmal. Ohne Ball.

Er meinte, er habe nichts liegengelassen.

Aber er hätte sich gerne bei manchen Menschen entschuldigt. Bei seiner Frau. Seinen Kindern. Und bei den Engländern.

Ich sagte ihm, er sei in meinen Augen immer noch ein Zauberer, aber manchmal auch ein Arschloch gewesen. Er zuckte mit den Schultern und lächelte.

„Was bleibt, wenn man für immer geht?", stellte er in den Raum, in den Schwebezustand zwischen Dasein und Verschwinden.

„Wer erinnert sich an was? Wer erinnert sich auf welche Weise an mich, wenn mein Name fällt? Wird man sich immer an meine Tore erinnern?

Wird man sich erinnern, wie mich Argentinien auf Händen getragen hat? Oder wird man sich erinnern, wie es mich fallen ließ? Erinnern sich die Engländer an das Solo zum 2:0 oder an ein Interview, indem ich Gott für das 1:0 verantwortlich machte? Was bleibt, wenn nicht Tore und Erfolge? Erinnern sich die Deutschen an meine Tränen nach dem verlorenen Finale 1990? Die Uruguayer an ihren Schlächter von Bilbao, Andoni Goikoetxea, der mit seiner Blutgrätsche fast meine Karriere zerstört hätte, als ich 22 Jahre alt war? Erinnern sich Schiedsrichter an all die nicht geahndeten Fouls, die an mir begangen wurden? Vorsätzlich und im bloßen Willen, mich auszuschalten. Wissen all die Ärzte noch all die Medikamente, mit denen sie mich vollpumpten? Erinnert sich irgendwer daran, dass ich von der FIFA forderte, sie sollten gefälligst alle teilnehmenden WM-Spieler an ihren Mega-Gewinnen beteiligen und für bessere Anstoßzeiten sorgen, weil wir in der Gluthitze in Mexiko und den USA verbrannten? Erinnert sich wer daran, dass ich mit Blatter und Havelange auf Kriegsfuß stand, weil ich sie kritisierte? Heute findet jeder die FIFA scheiße ... Außer die FIFA selbst. War ich Vorreiter oder Denunziant? Kickender Kritiker oder sturer Störenfried? War ich Großmaul oder Entertainer? War ich Exekutive oder Marionette? War ich Heilsbringer oder Verräter? Magier oder Versuchskaninchen? War ich ein Jagdtier, das man

hetzen und ungestraft verletzen durfte? Auf dem Platz? Neben dem Platz?"
Er hielt inne und starrte vor sich hin.
Ich verstand sein Hinterfragen. Bei allem Talent, allem sportlichen Zauber, bei aller Ikonisierung und öffentlichen Zurschaustellung seiner Person – er war in erster Linie Mensch.
Er drehte an seinem Ring und fuhr fort:
„Weißt du, wie das ist, wenn ein ganzes Land Hoffnung in dich setzt. Nicht nur, weil es feiern will, sondern weil sich grundlegende Strukturen durch einen Triumph ändern könnten? Weißt du, wie das ist, wenn eine ganze Stadt aus dem gebeutelten Süden seine Hoffnung in dich setzt, um es endlich einmal dem reichen Norden zu zeigen? Um Genugtuung zu schaffen für die jahrelangen Beleidigungen, die sich die Tifosi der ärmsten Stadt Italiens vom Rest der Klubs anhören mussten? Um einen Ruck durch eine Nation gehen zu lassen, die den Fokus ändern könnte? Weißt du, wie das ist?"
Natürlich wusste ich es nicht.
„Ich weiß, wie es ist. Wie es ganz oben ist. Auf dem Thron. Und ganz unten. Im Dreck."
Ich nickte ihm zu. Er blickte durch mich hindurch.
„Ich wollte nur allen Freude bereiten und dabei selbst Freude verspüren. Also ... an was wird man sich erinnern, wenn mein Name fällt?"
Ich sagte ihm: „Manche Namen fallen nie wieder, wenn deren Besitzer gegangen sind. Zumindest

verschwinden sie mit den Letzten, die sich an den Namen erinnern. Deiner wird von Fußballbegeisterten weitergetragen, deine Geschichten und Unfassbarkeiten in bildhaften Erzählungen überliefert. Er wird in Chroniken und Geschichtsbüchern stehen, auf ewig mit Heldentaten und ein paar anderen Vorkommnissen verbunden sein. Sorry, klingt zwar jetzt gerade doof, aber: Du bist unsterblich! So gesehen."
Er saß lächelnd vor mir, nickte, dass seine Locken wackelten und murmelte belustigt:
„Unsterblich ... hm."
Der Raum veränderte die Farbe. Wurde blasser und transparenter. Die Konturen lösten sich vom scharfen Bild. Die Aura löste sich auf. Ich spürte, das war's.
Ich fragte abschließend, bevor wir uns für immer trennten:
„Diego, sag jetzt ehrlich, wer war der Beste aller Zeiten?"
Er antwortete prompt, gespielt entrüstet:
„Na hör mal ..."

Wusste ich es doch!

Oder?

Oder?

# Nachträglicher Nachtrag

Wer jetzt nörgeln will und sagt: „Tja, im Traum – was für eine schwache Pointe. Erst riesig aufschmatzen und dann so was. Das ist doch fast schon Fake News."

Okay, ich sage Ihnen Folgendes. So war es nun einmal. Die meisten kommen bestimmt damit klar. Für den unzufriedenen Rest dies hier:

Ich habe Diego gezeichnet. In meinem ersten Roman You'll never walk alone. Über jedem Kapitel habe ich einen Fußballer mit Tusche skizziert. Somit meine All-Time-Lieblings-Elf aufgereiht. Jeder Kapitelnummer die Rückennummer meines auf dieser Position spielenden Stars zugeordnet. Als Wächter oder Pate über das folgend Erzählte.

Kapitel Eins: Dino Zoff

Kapitel Zwei: Manni Kaltz

Kapitel Drei: Terry Butcher

Und so weiter...

Kapitel Zehn: Diego Armando Maradona

Ich habe den Besten gezeichnet. Und getroffen, wie ich finde. Gut getroffen.

Oder?
Und?

Jetzt?

Also!